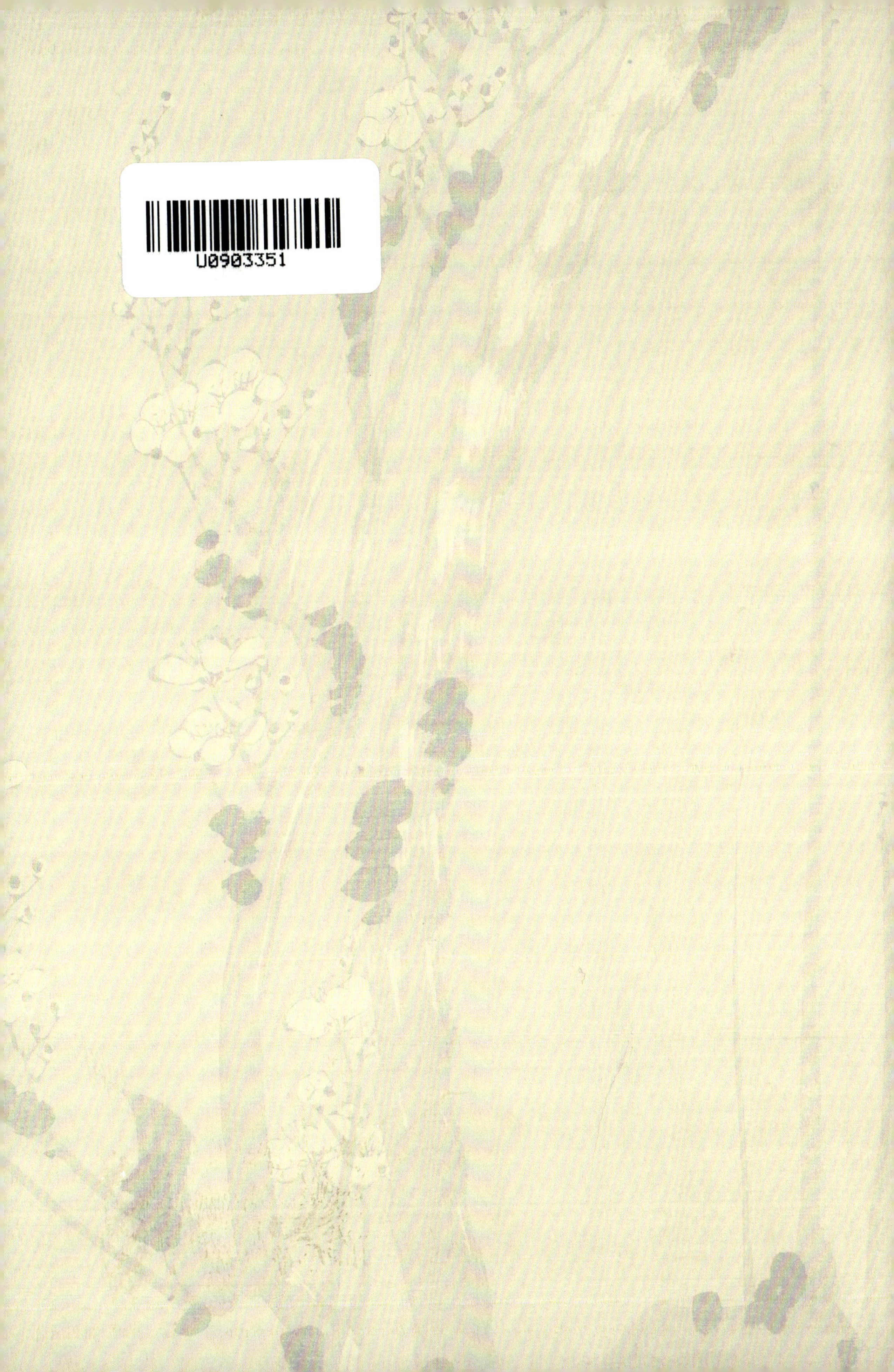
U0903351

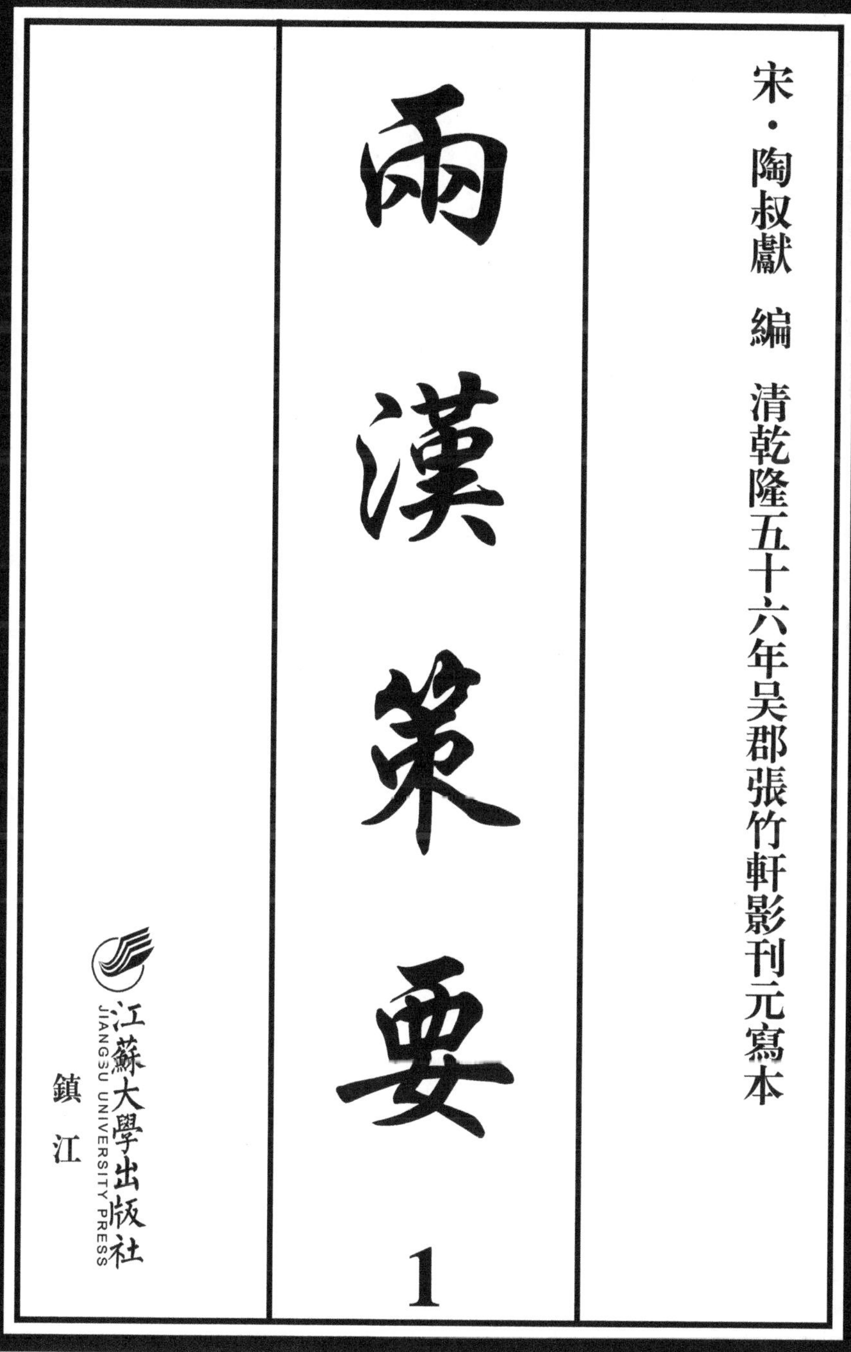

宋·陶叔獻 編　清乾隆五十六年吴郡張竹軒影刊元寫本

兩漢策要

1

江蘇大學出版社
JIANGSU UNIVERSITY PRESS
鎮江

圖書在版編目（CIP）數據

兩漢策要：全三册 / （宋）陶叔獻編．— 影印本．— 鎮江：江蘇大學出版社，2019.10

ISBN 978-7-5684-1183-7

Ⅰ．①兩… Ⅱ．①陶… Ⅲ．①政書—中國—唐代 Ⅳ．① D691.5

中國版本圖書館 CIP 數據核字（2019）第 204054 號

兩漢策要（全三册）

編　　者/〔宋〕陶叔獻
責任編輯/任　輝　董國軍
出版發行/江蘇大學出版社
地　　址/江蘇省鎮江市夢溪園巷 30 號（郵編：212003）
電　　話/0511-84446464（傳真）
網　　址/http://press.ujs.edu.cn
印　　刷/北京虎彩文化傳播有限公司
開　　本/850mm×1168mm　1/16
總 印 張/74
總 字 數/593 千字
版　　次/2019 年 10 月第 1 版　2019 年 10 月第 1 次印刷
書　　號/ISBN 978-7-5684-1183-7
總 定 價/2700.00 圓（全三册）

如有印裝質量問題請與本社營銷部聯繫（電話：0511-84440882）

出版説明

現代漢語用『圖書』表示文獻的總稱，這一稱謂可以追溯到古史傳説時代的河圖、洛書。在從古到今的文化史中，圖像始終承擔著重要的文化功能。傳説時代的大禹『鑄鼎象物』，將物怪的形象鑄到鼎上，使『民知神奸』。在《周易》中也有『製器尚象』之説。一般而論，文化生活皆有與之對應的物質層面的表現。在中國古代文獻研究活動中，學者也多注意器物、圖像的研究，如《詩》中的草木、鳥獸，《山海經》中的神靈物怪，《儀禮》中的禮器、行禮方位等，學者多畫爲圖像，與文字互相印證，成爲經學研究中的『圖説』類著述。至宋元以後，庶民文化興起，出版業高度發達，版刻印刷益發普及，在普通文獻中也逐漸出現了圖像資料，涉及植物、動物、日常的物質生産程序與工具、平民教化等多個方面，其中流傳至今者，是我們瞭解古代文化的重要憑藉，通過這些圖文并茂的文本，讀者可以獲得對古代文化生動而直觀的感知。爲了方便讀者閲讀，我們將古代文獻中有關圖像的版畫、彩色套印本等文獻甄選數種精品，輯爲叢刊正式出版。

本編選目兼顧文獻學、古代美術、考古、社會史等多個種類，取材廣泛，版本選擇也兼顧了古代東亞地區漢文化圈。圖像在古代社會生活中的一大作用爲促進平民教化，即古人所謂的『圖像古昔，以當箴規』（語出何晏《景福殿賦》）。明清以來，民間勸善之書，如《陰騭文》《閨範》等，皆有圖解，其所宣揚的古代道德意識中的部分條目，固然爲我們所不取，甚至應該是作爲批判的對象，但其中精美版畫，除了作爲古代美術史文獻以外，也可由此考見古代一般平民的倫理意識，實爲社會史研究的重要材料。

本編擬目涉及多種類型的文獻，兹輯爲叢刊，然亦以單種别行爲主，只有部分社會史性質的文本，因爲篇卷無多，若獨立成册則面臨裝幀等方面的困難，則取同類文本合爲一册。文獻卷首都新編了目録以便檢索，但爲了避免與書中内容大量重複，無謂地增加篇幅，部分新編目録較原書目録有所簡略，也有部分文本性質特殊，原書中本無卷次目録之類，則約舉其要，新擬條目，其擬議未必全然恰當。所有文獻皆影印，版式色澤，一存古韵。

總目録

第一册

第二册

第三册

第一册

兩漢策序

皇朝專尚詞賦取士限以五經三史出題惟東西漢二書家爲浩汗學者披閱如涉淵海卒莫能際其畔岸大抵菁華無出策論書疏而已可取而爲題者十盡八

九真科舉之急用也先是吾鄉
常同知彥脩宅取舊本兩漢策
要摹搭刋行于世其間錯繆及
有不載者僅數十篇殆爲闕典
彥脩痛恨遺脫嘗欲增廣方
經營間不幸早世今二孫克家

不墜箕裘之緒皆業進士乃承
意繼志遂再為編次將向者遺
脫一一校證添補附入命工鋟木
用廣傳布且索序引予喜其不
負乃祖之意使斯文號為完書
是可嘉也姑直書所以題其端首

云大定乙巳中元日承直郎岳陽
縣令雲騎尉賜緋魚袋王大鈞序

重雕補注兩漢策序

丹陽從事阮逸述

班范二書其載筆勝質之音則亦愽矣然而後學異嚮罕能兼該尚辭者則搴其纖華而遺於體例玩理者執其事實而泥乎通方

求之彬彬固其鮮矣進士陶琳獻得漢聖之學蓋先儒之蘊謂類書所集其未尚焉凡較兩都文章必明一代制度遂稽合衆作去繁取衷撮數萬言編成十卷同志揚端者持其書見求序引逆

題其辭曰漢四百齡君尊臣良文淳道備七制之治則與三代幾焉是皆方闡叶心抗議竭節致之然也如明堂月令則禮樂之本乎宣室對問則政教之宗乎晁家令邊事之宜谷子雲捩庭之奏平津

輿略白虎宏辯仲舒災異之誡子
政封事之機建武之晨東平茂乎
典禮永和而下伯始任乎中庸郎
顗條七事之端翼奉極五事之變
班蔡之劇論韋桓之讜言斯皆傑
立孤風翊成典訓來哲不能溢其

義異世不能殊其歸炳焉休光高出近古其諸表奏天下昌言述史有三漢冣稱備文中子曰二帝三王吾不得而見也舍兩漢將安之乎非表文辭蓋善其制度而已儻或文而不示制學而不處要如之何從政

式宜陶揚二君鋭志於此好古慱雅廣其流傳時景祐二年六月吉日阮逸序

玩松山人校字處
時年七十有三歲

漢隶十二卷宋人所編金人增補此其舊寫本也關弟三卷存十一卷為冊十有四書體似趙文敏昔胡汲仲跋文敏書謂上下五百年縱橫一萬里皆無此書鮮于伯幾云後世誰知公落筆如風雨蓋文敏日書萬字也然文敏書得晉唐逸韻固不待言所難者文敏之精於六書篆籀耳今觀此書固不敢確斷為文敏書而其原本篆勢謹守六書之義則与文敏真跡無二也吾蓋深悶後人學趙者以側削為工故於此書無失六書之指號二三致意焉昔嘗跋

范巨卿碑不欲實指爲中郎也而弟目爲蔡體又嘗跋孔祭酒碑不欲實指爲永興也而弟目爲虞體今以是書首尾一氣九萬八千餘言使鑒賞家必實指爲趙書亦復何讓焉吾於訂古存真之中著發凡舉例之義亦不欲確指爲趙書而於趙書神理尤得其要焉得是說而存之即以作評文敏書之定論可也竹軒鄒伯將摹勒而傳之屬予爲識於卷端

乾隆五十三年秋八月十有二日北平翁方綱

兩漢策錄目

如臯子長甫張朝樂較閱

卷之一

前漢

卷之二

卷之三

卷之四

卷之五

卷之六　續添

卷之七

後漢

卷之八

卷之九

卷之十一

卷之十二　續添

朱浟訴馬援寃詔闕上書一首

張皓救趙騰疏一首　李燮書一首

龐參奏記一首　段恭疏一首

第五倫疏一首　鍾離意變異疏一首

宋意過恩疏一首　陳寵改苛俗疏一首

陳忠災變疏一首　爰延上封事一首

兩漢策録目終

兩漢策要卷之一

賢良策第一道

董仲舒

廣川人也少治春秋孝景時為博士下帷講誦弟子傳以久次相授業或莫見其面蓋三年不窺園其精如此進退容止非禮不行學士皆師尊之武帝即位舉賢良文學之士前後百數而仲舒以賢良對策焉

制曰朕獲承至尊休德傳之無窮而
施之罔極任大而守重是以夙夜不
皇康寧永惟萬事之統猶懼有
闕故廣延四方之豪俊郡國諸侯
公選賢良修絜博習之士欲聞大
道之要至論之極今子大夫褎然

為擧首朕甚嘉之子大夫其精心
致思朕垂聽而問焉聞五帝三王
之道改制作樂而天下洽和百王
同之當虞氏之樂莫盛於韶於
周莫盛於勺聖王已没鍾鼓筦絃
之聲未衰而大道微缺陵夷至乎

桀紂之行王道大壞矣夫五百年之間守文之君當塗之士欲則先王之法以戴翼其世者甚衆然猶不能反日以仆滅至後王而後止豈其所持操或誖謬而失其統與固天降命不可復反必推之於大衰而後息與

烏乎凡所為屑屑夙興夜寐務法上古者又將無補與三代受命其符安在災異之變何緣而起性命之情或夭或壽或仁或鄙習聞其號未燭厥理伊欲風流而令行刑輕而姦改百姓和樂政事宣昭何

脩何飾而膏露降百穀登德潤
四海澤臻草木三光全寒暑平受
天之祜享鬼神之靈德澤洋溢施
乎方外延及羣生子大夫明先聖
之業習俗化之變終始之序講聞
高誼之日多矣其明以諭朕科別其

條勿猥勿弃取之於術慎其所出乃其不正不直不忠不極枉于執事書之不泄興于朕躬毋悼後害子大夫其盡心靡有所隱朕將親覽焉仲舒對曰陛下發德音下明詔求天命與情性皆非愚臣之所

及也臣謹按春秋之中視前世已行之事以觀天人相與之際甚可畏也國家將有失道之敗而天迺先出災害以譴告之不知自省又出怪異以警懼之尚不知變而傷敗迺至以此見天心之仁愛人君而欲止其亂也自非大

〻道之世者天盡欲扶持而全安之事在彊勉而已矣彊勉學問則聞見博而知益明彊勉行道則德日起而大有功此皆可使還至而有效者也詩曰夙夜匪解書云茂哉茂哉皆彊勉之謂也道者所繇適於治之路

也仁義禮樂皆其具也故聖王已沒而子孫長久安寧數百歲此皆禮樂教化之功也王者未作樂之時乃用先王樂宜於世者而以深入教化於民教化之情不得雅頌之樂不成故王者功成作樂樂其德也樂者所

以變民風化民俗也其變民也易其化人也著故聲發於和而本於情接於肌膚藏於骨髓故王道雖微缺而管絃之聲未衰也夫虞氏之不為政久矣然而樂頌遺風猶有存者是以孔子在齊而聞韶也夫人君莫不欲

安存而惡危亡然而政亂國危者甚衆所任者非其人而所繇者非其道是以政日以仆滅也夫周道衰於幽厲非道亡也幽厲不繇也至於宣王思昔先王之德興滯補弊明文武之功業周道粲然復興詩人美之而

作上天祐之爲生賢佐後世稱誦至
今不絕此夙夜匪解行善之所致也
孔子曰人能弘道非道弘人也故治亂
廢興在於己非天降命不得可反其
所操持誖謬失其統也臣聞天之所
大奉使之王者必有非人力所能致而

自至者此受命之符也天下之人同心歸之若歸父母故天瑞應誠而至書曰白魚入于王舟有火復于王屋流為烏此蓋受命之符也周公曰復哉復哉孔子曰德不孤必有鄰皆積善累德之效也及至後世淫佚衰微不能

統理羣生諸侯背畔殘賊良民
以爭壤土廢德教而任刑罰刑罰
不中則生邪氣邪氣積於下怨
惡畜於上上下不和則陰陽繆盭
而妖孽生矣此災異所緣而起也
臣聞命者天之令也性者生之質

也情者人之欲也或夭或壽或仁或鄙陶冶而成之不能粹美有治亂之所生故不齊也孔子曰君子之德風小人之德草草上之風必偃故堯舜行德則民仁壽桀紂行暴則民鄙夭夫上之化下下之從上猶泥之在

鈞唯甄者之所為猶金之在鎔唯治者之所鑄綏之斯來動之斯和此之謂也臣謹按春秋之文求王道之端得之於正正次王王次春春者天之所為也正者王之所為也其意曰上承天之所為而下以正其所為正

王道之端云爾然則王者欲有所為宜求其端於天天道之大者在陰陽陽為德陰為刑刑主殺而德主生是故陽常居大夏而以生育養長為事陰常居大冬而積於空虛不用之處以此見天之任德不任刑也

天使陽出布施於上而主歲功使陰入伏於下而時出佐陽陽不得陰之助亦不能獨成歲終陽以成歲爲名此天意也王者承天意以從事故任德教而不任刑刑者不可任以治世猶陰之不可任以成歲也

為政而任刑，不順於天，故先王莫之肯為也。今廢先王德教之官，而獨任執法之吏治民，毋乃任刑之意與！孔子曰：「不教而誅謂之虐。」虐政用於下，而欲德教之被四海，故難成也。

臣謹按春秋謂一元之意，一者萬物

之所從始也元者辭之所謂大也謂一為元者視大始而欲正本春秋深探其本而反自貴者始故為人君者正心以正朝廷正朝廷以正百官正百官以正萬民正萬民以正四方四方正遠近莫不壹於正而亡有邪氣

奸其間者是以陰陽調而風雨時羣生和而萬民殖五穀熟而草木茂天地之間被潤澤而大豐美四海之内聞盛德而皆来臣諸福之物可致之祥莫不畢至而王道終矣孔子曰鳳鳥不至河不出圖吾

已矣夫自悲可致此物而身卑賤不得致也今陛下貴為天子富有四海居得致之位操可致之勢又有能致之資行高而恩厚知明而意美愛民而好士可謂誼主矣然而天地未應而美祥莫至者何也凡

以教化不立而萬民不正也夫萬民之從利如水之走下不以教化隄防之不能止也是故教化立而姦邪皆止者其隄防完也教化廢而姦邪並出刑罰不能勝者其隄防壞也古之王者明於此是故南面而治

天下莫不以教化為大務立太學以教於國設庠序以化於邑漸民以仁摩民以誼節民以禮故其刑罰輕而禁不犯者教化行而習俗美也聖王之繼亂世也掃除其迹而悉去之復脩教化而崇起之教化

已明習俗已成子孫循之行五六百歲尚未敗也至周之末世大爲亡道以失天下秦繼其後獨不能改又益甚之重禁文學不得挾書棄捐禮誼而惡聞之其心欲盡滅先聖之道而顓爲自恣苟簡之治故

立爲天子十四歲而國破亡矣自古以來未嘗有以亂濟亂大敗天下之民如秦者也其遺毒餘烈至今未滅使習俗薄惡人民嚚頑抵冒殊扞孰爛如此之甚者也孔子曰腐朽之木不可雕也糞土之牆不

可朽也今漢繼秦之後如朽木糞牆矣雖欲善治之無可柰何法出而姦生令下而詐起如以湯止沸抱薪救火愈甚無益也竊譬之琴瑟不調甚者必解而更張之乃可鼓也為政而不行甚者必變而更

化之乃可理也當更張而不更張雖有良工不能善調也當更化而不更化雖有大賢不能善治也故漢得天下以來常欲治而至今不可善治者失之於當更化而不更化也古人有言曰臨淵羨魚不如退而結網

今臨政而頤治七十餘歳矣不如退而更化更化則可善治善治則災害日去福禄日来詩云宜民宜人受禄于天爲政而宜於民者固當受禄于天夫仁義禮知信五常之道王者所當脩飾也五者脩飾故受天之祐

而享鬼神之靈德施于方外延及
羣生也

第二道

制曰蓋聞堯舜之時游於巖廊之
上垂拱無為而天下太平周文王至
於日昃不暇食而宇內亦治夫帝王

之道豈不同條共貫與何逸勞之殊也蓋儉者不造玄黃旌旗之飾及至周室設兩觀乘天路朱干玉戚八佾陳於廷而頌聲興夫帝王之道豈異指哉或曰良玉不瑑又云非文亡以輔德二端異焉殷人執五

刑以督姦傷肌膚以懲惡成康不忒
四十餘年天下不犯囹圄空虛秦國
用之死者甚衆刑者相望耗矣哀哉
烏乎朕夙寤晨興惟前帝王之憲
永思所以奉至尊章洪業皆在力
本任賢今朕親耕藉田以爲農先勸孝

弟崇有德使者冠蓋相望問勤勞
恤孤獨盡思極神功烈休德未始
云獲也今陰陽錯繆氛氣充塞羣
生寡遂黎民未濟廉恥貿亂賢不
肖渾殽未得其真故詳延特起之
士庶幾乎今子大夫待詔百有餘人

或道世務而未濟稽諸上古之不同
考之于今而難行無乃牽於文繫
而不得騁與將所繇異術所聞殊
方與各悉對著于篇毋諱有司明
其指略切磋究之以稱朕意仲舒
對曰臣聞堯受命以天下為憂而未

以位為樂也故誅逐亂臣務求賢聖是以得舜禹稷卨咎繇衆聖輔德賢能佐職教化大行天下和治萬民皆安仁樂義各得其宜動作應禮從容中道故孔子曰如有王者必世而後仁此之謂也堯在位

七十載乃遜于位以禪虞舜堯崩天下不歸堯子丹朱而歸舜舜知不可辟乃即天子之位以禹爲相因堯之輔佐繼其統業是以垂拱無爲而天下治孔子曰韶盡美矣又盡善矣此之謂也至於殷紂逆天暴物

殺戮賢知殘賊百姓伯夷太公皆當世賢者隱處而不爲臣守職之人皆奔走逃亡入于河海天下耗亂萬民不安故天下去殷而從周文王順天物理師用賢聖是以閎夭太顛散宜生等亦聚於朝廷愛施兆民天

下歸之故太公起海濱而即三公也當此之時紂尚在上尊卑昏亂百姓散亡故文王悼痛而欲安之是以日昊而不暇食也孔子作春秋先正王而繫萬事見素王之文焉由此觀之帝王之條貫同然而勞逸異者所

遇之時異也孔子曰武盡美矣未盡善也此之謂也臣聞制度文采玄黄之飾所以明尊卑異貴賤而勸有德也故春秋受命所先制者改正朔易服色所以應天也然則宫室旌旗之制有法而然者也故孔子曰奢則不

遜儉則固儉非聖人之中制也臣聞
良玉不琢資質潤美不待刻琢此
無異於達巷黨人不學而自知也
然則常玉不琢不成文章君子不
學不成德臣聞聖王之治天下也少
則習之學長則材諸位爵祿以養

其德刑罰以威其惡故民曉於禮義而恥犯其上武王行大義平殘賊周公作禮樂以文之至於成康之隆囹圄空虛四十餘年此亦教化之漸而仁義之流非獨傷肌膚之效也至秦則不然師申商之法行韓非之說

憎帝王之道以貪狼為俗非有文德
以教訓於下也誅名而不察實為善
者不必免而犯惡者未必刑也是以
百官皆飾虛辭而不顧實外有事
君之禮內有背上之心造僞飾詐趣
利無恥又好用憯酷之吏賦斂無度

竭民財力百姓散亡不得從耕織之業羣盜并起是以刑者甚衆死者相望而姦不息俗化使然也故孔子曰道之以政齊之以刑民免而無恥此之謂也今陛下并有天下海内莫不率服廣覽兼聽極羣下之

知盡天下之美至德昭然施于方外夜郎康居殊方萬里說德歸誼此太平之致也然而功不加於百姓者殆王心未加焉曾子曰尊其所聞則高明矣行其所知則光大矣高明光大不在於它在乎加之意而已願陛

下因用所聞設誠於内而致行之則
三王何異哉陛下親耕藉田以為農
先夙寤晨興憂勞萬民思惟往古
而務以求賢此亦堯舜之用心也然
而未云獲者士素不厲也夫不素
養士而欲求賢譬猶不琢玉而求

文采也故養士之大者莫大乎太學
太學者賢士之所關也教化之本原
也今以一郡一國之衆對無應書者
是王道往往而絶也臣願陛下興太
學置明師以養天下之士數考問以
盡其材則英俊宜可得矣今之郡

守縣令民之師帥所使承流而宣化也故師帥不賢則主德不宣恩澤不流今吏既無教訓於下或不承用主上之法暴虐百姓與姦為市貧窮孤弱寃苦失職甚不稱陛下之意是以陰陽錯繆氛氣充塞羣生寡

遂黎民未濟皆長吏不明使至於此也夫長吏多出於郎中中郎吏二千石子弟選郎吏又以富訾未必賢也且古所謂功者以任官稱職爲差非謂積日累久也故小材雖累日不離於小官賢材雖未久不害爲

輔佐是以有司竭力盡知務治其業而以赴功今則不然累日以取貴積久以致官是以廉恥貿亂賢不肖渾殽未得其真臣愚以為使諸列侯郡守二千石各擇其吏民之賢者歲貢各二人以給宿衛且以觀大

臣之能所貢賢者有賞所貢不肖
者有罰夫如是諸侯吏二千石皆
盡心於求賢天下之士可得而官使
也徧得天下之賢人則三王之盛易為
而堯舜之名可及也毋以日月為功實
試賢能為上量材而授官錄德而定

位則廉恥殊路賢不肖異處矣陛下加惠寬臣之罪令勿牽制於文使得切磋究之臣敢不盡愚

第三道

制曰蓋聞善言天者必有徵於人善言古者必有驗於今故朕垂問乎天人之

應上嘉唐虞下悼桀紂寖微寖滅
寖明寖昌之道虛心以改今子大夫
明於陰陽所以造化習於先聖之道
業然而文采未極豈惑乎當世之務
哉條貫靡竟統紀未終意朕之
不明與聽若弦與夫三王之教所祖

不同而皆有失或謂久而不易者道也意豈異哉今子大夫既已著大道之極陳治亂之端矣其悉之究之孰之復之詩不云乎嗟爾君子毋常安息神之聽之介爾景福朕將親覽焉子大夫其茂明之仲舒復對

曰臣聞論語曰有始有卒者其唯聖
人乎今陛幸加惠留聽於承學之臣
復下明冊以切其意而究盡聖德非
愚臣之所能具也前所上對條貫靡
竟統紀不終辭不別白指不分明此
臣淺陋之罪也冊曰善言天者必有

徵於人善言古者必有驗於今臣聞
天者羣物之祖也故徧覆包函而無
所殊建日月風雨以和之經陰陽寒
暑以成之故聖人法天而立道亦溥
愛而無私布德施仁以厚之設義立
禮以導之春者天之所以生也仁者

君之所以愛也夏者天之所以長也德者君之所以養也霜者天之所以殺也刑者君之所以罰也由此言之天人之徵古今之道也孔子作春秋上揆諸天道下質諸人情參之於古考之於今故春秋之所譏災害之

所加也春秋之所惡怪異之所施也書
邦家之過兼災異之變以此見人之
所爲其美惡之極乃與天地流通而
往來相應此亦言天之一端也古者
脩教訓之官務以德善化民民已
大化之後天下常無一人之獄矣今世

廢而不脩無以化民民以故棄行義而死財利是以犯法而罪多一歲之獄以萬千數以此見古之不可不用也故春秋變古則譏之天令之謂命命非聖人不行質樸之謂性性非教化不成人欲之謂情情非制度不節

是故王者上謹於承天意以順命也下務明教化民以成性也正法度之宜别上下之序以防欲也脩此三者而大本舉矣人受命於天固超然異於羣生入有父子兄弟之親出有君臣上下之義會聚相遇則有

耆老長幼之施粲然有文以相接驩然有恩以相愛此人之所以貴也生五穀以食之桑麻以衣之六畜以養之服牛乘馬圈豹檻虎是其淂天之靈貴於物也故孔子曰天地之性人爲貴明於天性知自貴於物知自貴

於物然後知仁義知仁義然後重禮
節重禮節然後安處善安處善
然後樂循理樂循理然後謂之君
子故孔子曰不知命無以爲君子此之
謂也冊曰上嘉唐虞下悼桀紂寖微
寖滅寖明寖昌之道虛心以改臣

聞眾少成多積小致鉅故聖人莫不以暗致明以微致顯是以堯發於諸侯舜興乎深山非一日而顯也蓋有漸以致之矣言出於己不可塞也行發於身不可掩也言行治之大者君子之所以動天地也故盡小者大慎

微者著詩云惟此文王小心翼〻故堯兢〻日行其道而舜業〻日致其孝善積而名顯德章而身尊此其寖明寖昌之道也積善在身猶長日加益而人不知也積惡在身猶火銷膏而人不見也非明乎情察乎

流俗者孰能知之此唐虞之所以得令名而桀紂之可為悼懼者也夫善惡之相從如景響之應形聲也故桀紂暴慢讒賊並進賢知隱伏惡日顯國日亂晏然自以如日在天終陵夷而大壞夫暴逆不仁者非一日而

亡也亦以漸至故桀紂雖無道然猶享國十餘年此其寖微寖滅之道

冊曰三王之教所祖不同而皆有失或謂久而不易者道也意豈異哉臣聞夫樂而不亂復而不厭者謂之道道者萬世無弊弊者道之失也先

王之道必有偏而不起之處故政有
眊而不行舉其偏者以補其弊而已
矣三王之道所祖不同非其相反將
以捄溢扶衰所遭之變然也故孔子曰
無爲而治者其舜乎改正朔易服色
以順天命而已其餘盡循堯道何更

爲哉故王者有改制之名無變道之實
然夏上忠殷上敬周上文者所繼之捄
當用此也孔子曰殷因於夏禮所損益
可知也周因於殷禮所損益可知也
其或繼周者雖百世可知也此言百
王之用以此三者矣夏因於虞而獨不

言所損益者其道如一而所上同也道之大原出于天天不變道亦不變是以禹繼舜舜繼堯三聖相受而守一道無救弊之政也故不言其所損益也由是觀之繼治世者其道同繼亂世者其道變今漢繼大亂之後若宜少損

周之文致用夏之忠者陛下有明德嘉道愍世俗之靡薄悼王道之不昭故舉賢良方正之士論誼考問將欲興仁義之休德明帝王之法制建太平之道也臣愚不肖述所聞誦所學道師之言厪能勿失耳若乃論政事之得失察天

下之息耗此大臣輔佐之職三公九卿之任非臣仲舒所能及也然而臣竊有怪者夫古之天下亦今之天下今之天下亦古之天下共是天下古亦大治上下和睦習俗美盛不令而行不禁而止吏無姦邪民無盜賊囹圄空

虛德潤草木澤被四海鳳皇來集麒麟來游以古准今亦何不相逮之遠也安所繆盭而陵夷若是意者所失於古之道與有所詭於天之理與試迹之古返之於天黨可得見乎夫天亦有所分予予之齒者去其角傅其翼者

兩其足是所受大者不得取小也古之所予祿者不食於力不動於末是亦受大者不得取小也與天同意者也夫已受大又取小天不能足之而況人乎此民之所以囂囂苦不足也身寵而載高位家溫而食厚祿因乘富貴之資

力以與民爭利於下民安能知之哉是故衆其奴婢多其牛羊廣其田宅博其產業畜其積委務此而無已以迫蹵民民日削月朘寖以大窮富者奢侈貧者窮急愁苦窮急愁苦而上不救則民不樂生民不樂生尚

不避死安能避罪此刑罰之所以蓄而姦邪不可勝者也故受祿之家食祿而已不與民爭業然後利可均布而民可家足此上天之理而亦太古之道天子之所宜法以爲制大夫之所當循以爲行也故公儀子相魯之其家見織

帛怒而出其妻食於舍而茹葵慍而拔其葵曰吾已食祿又奪園夫工女利乎古之賢人君子在列位皆如是故下高其行而從其教民化其廉而不貪鄙及至周室之衰其卿大夫緩於義而急於利無推讓之風而有爭田之

訟故詩人疾而刺之曰節彼南山惟石
巖巖赫赫師尹民具爾瞻爾好義
則民鄉仁而俗善爾好利則民好邪而
俗敗由是觀之天子大夫者下民之所視
效遠方之所四面而內望也近者視而
放之遠者望而效之豈可以居賢人之

位而為庶人行哉夫皇皇求財利常恐乏匱者庶人之意也皇皇求仁義常恐不能化民者大夫之意也易曰負且乘致寇至乘車者君子之位也負擔者小人之事也此言居君子位而為庶人之行者其患禍必至也若居君子之位當

君子之行則舍公儀休之相魯無可為者矣春秋大一統者天地之常經古今之通義也今師異道人異論百家殊方指意不同是以上無以持一統法制數變下不知所守臣愚以為諸不在六藝之科孔子之術者皆絕其道勿

使並進邪辟之說滅息然後統紀可一而法度可明民知所從矣

陳政事書

賈誼

雒陽人也上方受釐坐宣室上感鬼神之事而問鬼神之本至夜半文帝前席時淮南濟北王皆逆誅誼上書陳政事

臣竊惟事勢可爲痛哭者一可爲流

滯者二可為長太息者六若其它背
理而傷道者難徧以疏舉進言者
皆曰天下已安已治矣臣獨以為未也曰
安且治者非愚則諛皆非事實知治
亂之體者也夫抱火厝之積薪之上而
寢其上火未及然因謂之安方今之勢

何以異此本末舛逆首尾衡決國制
搶攘非甚有紀胡可謂治陛下何不
壹令臣得孰數之於前因陳治安之
策試詳擇焉夫射獵之娛與安危
之機孰急使為治勞智慮苦身體
乏鍾鼓之樂勿為可也樂與今同而加

之諸侯執道兵革不動民保首領匈奴賓服四荒鄉風百姓素材獄訟衰息大數既得則天下順治海內之氣清和咸理生爲明帝沒爲明神名譽之美垂於無窮禮祖有功而宗有德使顧成之廟稱爲太宗上配太祖與

漢無極建久安之勢成長治之業以
承祖廟以奉六親至孝也以幸天下以
育羣生立經陳紀輕重同得後可以
爲萬世法程雖有愚幼不肖之嗣猶得
蒙業而安至明也以陛下之明達因使
其少知治體者得佐下風致此非難也

其具可素陳於前願幸無忽臣謹稽之天地驗之往古按之當今之務日夜念此至孰也雖使禹舜復生爲陛下計無以易此夫樹國固必疑之勢下數被其殃上數爽其憂甚非所以安上而全下也今或親弟謀爲東帝親兄

之子西鄉而擊今吴又見告矣天子春秋鼎盛行義未過德澤有加焉猶尚若如是況莫大諸侯權力且十此者乎然而天下少安何也大國之王幼弱未壯漢之所置傅相方握其事數年之後諸侯之王大抵皆冠血氣方剛漢

之傅相稱病而賜罷彼自丞尉以上徧置私人如此有異淮南濟北之爲邪此時而欲爲治安雖堯舜不治黃帝曰日中必熭操刀必割今令此道順而全安甚易不肯早爲已乃墮骨肉之屬而抗剄之豈有異秦之季也乎夫以

天子之位乘今之時因天之助尚憚以
危為安以亂為治假設陛下居齊桓
公之處將不合諸侯而匡天下乎臣
又知陛下有所必不能矣假設天下如
曩時淮陰侯尚王楚黥布王淮南彭
越王梁韓信王韓張敖王趙貫高為

相盧綰王燕陳豨在代令此六七公皆無恙當是時而陛下即天子位能自安乎臣有以知陛下之不能也天下殽亂高皇帝與諸公併起非有仄室之勢以豫席之也諸公幸者迺爲中涓其次厪得舍人材之不逮至遠也高皇

帝以明聖威武即天子位割膏腴之地以王諸公多者百餘城少者乃三四十縣德至渥也然其後十年之間反者九起陛下之與諸公非親角材而臣之也又非身封王之也自高皇帝不能以是一歲為安故臣知陛下之不能也

然尚有可諉者曰疏臣請試言其親者假令悼惠王王齊元王王楚中子王趙幽王王淮陽共王王梁靈王王燕厲王王淮南六七貴人皆無恙當是時陛下即位能為治乎臣又知陛下之不能也若此諸王雖名為臣實皆有

布衣昆弟之心慮無不帝制而天子
自爲者擅爵人赦死罪甚者或戴黄
屋漢法令非行也雖行不軌如厲王
者令之不肯聽召之安可致乎幸而
来至法安可得加動一親戚天下圜
視而起陛下之臣雖有悍如馮敬者

適啓其口匕首已陷其匈矣陛下雖賢誰與領此故疏者必危親者必亂已然之效也其異姓負彊而動者漢已幸勝之矣又不易其所以然同姓襲是跡而動既有徵矣其勢盡又復然殃旤之變未知所移明帝處之尚不能以安

後世将如之何屠牛但一朝解十二牛而芒刃不頓者所排擊剝割皆衆理解也至於髖髀之所非斤則斧夫仁義恩厚人主之芒刃也權勢法制人主之斤斧也今諸侯王皆髖髀也釋斤斧之用而欲嬰以芒刃臣以爲不缺則折胡

不用之淮南濟北勢不可也竊跡其事
大抵彊者先反淮陰王楚最彊則最
先反韓信倚胡則又反貫高因趙資
則又反陳豨兵精則又反彭越用梁則又
反黥布用淮南則又反盧綰最弱最後
反長沙乃在二萬五千戶耳功少而最完

勢踈而最忠非獨性異人也亦形勢然也曩令樊酈絳灌據數十城而王今雖以殘亡可也令信越之倫列爲徹侯而居雖至今存可也然則天下之大計可知欲諸王之皆忠附則莫若令如長沙王欲臣子勿葅醢則莫若令如樊酈等

欲天下之治安莫若衆建諸侯而少其
力力少則易使以義國小則無邪心令
海內之勢如身之使臂臂之使指莫不制
從諸侯之君不敢有異心輻湊並進而
歸命天子雖有細民且知其安故天下咸
知陛下之明割地定制令齊趙楚各若

干國使悼惠王幽王元王之子孫畢以次各受祖之分地地盡而止及燕梁它國皆然其分地衆而子孫少者建以爲國空而置之須其子孫生者舉使君之諸侯之地其削頗入漢者爲徙其侯國及封其子孫也所以數償之一寸之地一人之衆

天子無所利焉誠以定制而已故天下
咸知陛下之廉地制一定宗室子孫莫
慮不王下無倍畔之心上無誅伐之志
故天下咸知陛下之仁法立而不犯令行
而不逆貫高利幾之謀不生柴奇開
章之計不萌細民鄉善大臣致順故

天下感知陛下之義卧赤子天下之上而安
植遺腹朝委裘而天下不亂當時大治
後世誦聖壹動而五業附陛下誰憚而
久不爲此天下之勢方病大瘇一脛之大
幾如要一指之大幾如股平居不可屈信
一二指慉身慮亡聊失今不治必爲錮

疾後雖有扁鵲不能為已病非徒瘇

也又苦𨂂音只盭元王之子帝之從弟也

今之王者從弟之子也惠王親兄子也今

之王者兄子之子也親者或無分地以安

天下疏者或制大權以偪天子臣故曰

非徒病瘇也又苦𨂂盭可痛哭者此病

是也天下之勢方倒懸凡天子者天下之首何也上也蠻夷者天下之足何也下也今匈奴嫚娒侵掠至不敬也為天下患至無已也而漢歲致金絮采繒以奉之夷狄徵令是主上之操也天子共貢是臣下之禮也足反居上首顧居

下倒縣而已又類辟且病痱夫辟者一面病痱者一方痛今西邊北邊之郡雖有長爵不輕得復五尺以上不輕得息斥候望烽燧不得卧將吏被介胄而睡臣故曰一方病矣醫能治之而上不使可爲流涕者此也陛下何忍以

帝皇之號爲戎人諸侯執既卑辱而
旤不息長此安窮進謀者率以爲是
固不可解也亡具甚矣臣竊料匈奴之
衆不過漢一大縣以天下之大困於一縣
之衆甚爲執事者羞之陛下何不
試以臣爲屬國之官以主匈奴行臣之

計請必係單于之頸而制其命伏中行
說而笞其背舉匈奴之衆唯上之令
今不獵猛敵而獵田彘不搏反寇而搏
蓄菟翫細娛而不圖大患非所以為安
也德可遠施威可遠加而直數百里外
威令不信可為流涕者此也今民賣僮

者爲之繡衣絲履偏諸緣內之閑中是古天子服所以廟而不宴者也而庶人得以衣婢妾白縠之表薄紈之裏緁以偏諸美者黼繡古天子之服今富人大賈嘉會召客者以被牆古者以奉一帝一后而節適今庶人屋得爲帝服倡優下

賤得爲后飾然而天下不屈者殆未有也且帝之身自衣皁綈而富民牆屋被文繡天子之后以緣其領庶人孽妾緣其履此臣所謂舛也夫百人作之不能衣一人欲天下無寒胡可得也一人耕之十人聚而食之欲天下無飢不可

得也飢寒切於民之肌膚欲其無爲姦邪不可得也國已屈矣盜賊直須時耳然而獻計者曰毋動爲大耳夫俗至大不敬也至無等也至冒上也進計者猶曰毋爲可爲長太息者此也商君遺禮義棄仁恩幷心於進取行之二

歲秦俗日敗故秦人家富子壯則出分家貧子壯則出贅借父耰鉏慮有德色母取箕箒立而誶語抱哺其子與公併倨婦姑不相說則反脣而相稽其慈子耆利不同禽獸者無幾耳然并心而赴時猶曰蹷六國兼天下功成求

得矣終不知反廉愧之節仁恩之厚信幷兼之法遂進取之業天下大敗衆掩寡智欺愚勇威怯壯陵衰其亂至矣是以大賢起之威震海内德從天下曩之爲秦者今轉而爲漢矣然而遺風餘俗猶尚未改今世以侈靡相競而

上無制度棄禮義捐廉恥日甚可謂月異而歲不同矣逐利不耳慮非顧行也今其甚者殺父兄矣盜者剟寢戶之簾搴兩廟之器白晝大都之中剽吏而奪之金矯偽者出幾十萬石粟賦六百餘萬錢乘傳而行郡國此其亡行

義之先至者也而大臣特以簿書不報期會之間以爲大故至於流俗失世壞敗因恬而不知怪慮不動於目耳以爲是適然耳夫移風易俗使天下回心而鄉道類非俗吏之所能爲也俗吏之所務在於刀筆筐篋而不知大體陛下又

不自憂竊為陛下惜之夫立君臣等上下使父子有禮六親有紀此非天之所為人之所設也夫人之所設不為不立不植則僵不脩則壞筦子曰禮義廉恥是謂四維四維不張國乃滅亡筦子愚人也則可筦子而少知治體則是

豈可不爲寒心哉秦滅四維而不張故君臣乖亂六親殃戮姦人並起萬民離叛凡十三歲而社稷爲虛今四維猶未備也故姦人幾幸而衆心疑惑豈如今定經制令君君臣臣上下有差父子六親各得其宜姦人無所

幾輩而羣臣衆信上不疑惑此業豈
定之世世常安而後有所持循矣若夫經
制不定是猶度江河亡維楫中流而遇
風波船必覆矣可爲長太息者此也
夏爲天子十有餘世而殷受之殷爲
天子二十餘世而周受之周爲天子三

十餘世而秦受之秦爲天子二世而亡人性不甚相遠也何三代之君有道之長而秦無道之暴也其故可知也古之王者太子乃生固舉以禮使士負之有司齊肅端冕見之南郊見于天也過闕則下過廟則趨孝子之道也故自

為赤子而教固已行矣昔者成王幼在襁抱之中召公為太保周公為太傅太公為太師保保其身體傅傅之德義師道之教訓此三公之職也於是為置三少皆上大夫也曰少保少傅少師是與太子宴者也故乃孩提有

識三公三少固明仁孝禮義以道習之逐去邪人不使見惡行於是皆選天下之端士孝悌博聞有道術者以衛翼之使與太子居處出入故太子乃生而見正事聞正言行正道左右前後皆正人也夫習與正人居之不能無正

猶生長於齊不能不齊言也習與不

正人居之不能毋不正猶生長於楚之

地不能不楚言也故擇其所耆必先

受業乃得嘗之擇其所樂必先有

習乃得爲之孔子曰少成若天性習貫

如自然及太子少長知妃色則入于學

學者所學之官也學禮曰帝入東學上親而貴仁則親疏有序而恩相及矣帝入南學上齒而貴信則長幼有差而民不誣矣帝入西學上賢而貴德則聖智在位而功不遺矣帝入北學上貴而尊爵則貴賤有等而下不踰

矣帝入太學承師問道退習而考於太傅太傅罰其不則而匡其不及則德智長而治道得矣此五學者既成於上則百姓黎民化輯於下矣及太子既冠成人免於保傅之嚴則有記過之史徹膳之宰進善之旌誹謗之木

敢諫之鼓瞽史誦詩工誦箴諫大夫
進謀士傳民語習與智長故切而不
媿化與心成故中道若性三代之禮春
朝朝日秋暮夕月所以明有敬也春
秋入學坐國老執醬而親餽之所以
明有孝也行以鸞和步中采齊趨中

肆夏所以明有度也其於禽獸見其生不見其死聞其聲不食其肉故遠庖廚所以長恩且明有仁也夫三代之所以長久者以其輔翼太子有此具也及秦而不然其俗固非貴辭讓也所上者告許也固非貴禮義也所上者刑罰也使

趙高傅胡亥而教之獄所習者非斬劓人則夷人之三族也故胡亥今日即位明日射人忠諫者謂之誹謗深計者謂之妖言其視殺人若艾草菅然豈惟胡亥之性惡哉彼其所以道之者非其理故也鄙諺曰不習為吏視已成事又

曰前車覆後車誡夫三代之所以長久者其已事可知也然而不能從者是不法聖智也秦世之所以亟絕者其轍跡可見也然而不避是後車又將覆也夫存亡之變治亂之機其要在是矣天下之命縣於太子太子之善

在於早諭教與選左右夫心未濫而先諭教則化易成也開於道術智誼之指則教之力也若其服習積貫則左右而已夫胡粵之人生而同聲耆欲不異及其長而成俗累數譯而不能相通行者有雖死而不相為者則教

習然也臣故曰選左右早諭教最急夫教得而左右正則太子正矣太子正而天下定矣書曰一人有慶兆民賴之此時務也凡人之知能見已然不能見將然夫禮者禁之於將然之前法者禁之於已然之後是故法之所用易見而

禮之所爲生難知也若夫慶賞以勸善刑罰以懲惡先王執此之政堅如金石行此之令信如四時據此之公無私如天地耳豈顧不用哉然而曰禮云禮云者貴絕惡於未萌而起敎於微眇使民日遷善遠罪而不自知也孔子曰聽訟

吾猶人也必也使無訟乎爲人主計者莫如先審取舍取舍之極定於內而安危之萌應於外矣安者非一日而安也危者非一日而危也皆以積漸不可不察也人主之所積在其取舍以禮義治之者積禮義以刑罰治之者

積刑罰刑罰積而民怨背禮義積而民和親故世主欲民之善同而所以使民善者或異或道之以德教或敺之以法令道之以德教者德教洽而民氣樂敺之以法令者法令極而民氣哀哀樂之感禍福之應也秦王

之欲尊宗廟而安子孫與湯武同然而湯武廣大其德行六七百歲而弗失秦王治天下十餘歲則大敗此無它故也湯武之定取舍審而秦王之定取舍不審矣夫天下大器也今人之置器置諸安處則安置諸危處則危天下

之情與器無以異在天子之所置之湯武置天下於仁義禮樂而德澤洽禽獸草木廣裕德被蠻貊四夷累子孫數十世此天下所共聞也秦王置天下於法令刑罰德澤無一有而怨毒盈於世下憎惡之如仇讎旣幾及身子孫誅絶

世天下之所共見也是非其明效大驗
邪人之言曰聽言之道必以其事觀之
則言者莫敢妄言今或言禮義之
不如法令教化之不如刑罰人主胡不
引殷周秦事以觀之也人主之尊譬
如堂羣臣如陛衆庶如地故陛九級

上廉遠地則堂高陛亡級廉近地則堂卑高者難攀卑者易陵理勢然也故古者聖王制爲等列內有公卿大夫士外有公侯伯子男然後有官師小吏延及庶人等級分明而天子加焉故其尊不可及也里諺曰欲投鼠而

忌器此善諭也鼠近於器尚憚不投
恐傷其器況於貴臣之近主乎廉恥
節禮以治君子故有賜死而無戮辱
是以黥劓之罪不及大夫以其離主上
不遠也禮不敢齒君之路馬蹵其芻
者有罰見君之几杖則起遭君之乘

輿則下入正門則趍君之寵臣雖或有過刑戮之罪不加其身者尊君之故也此所以為主上豫遠不敬也所以體貌大臣而厲其節也今自王侯三公之貴皆天子之所改容而禮之也古天子之所謂伯父伯舅也而令與衆庶同黥

劓髡刖笞傌棄市之法然則堂不無
陛乎被戮辱者不泰迫乎廉恥不行
大臣無乃握重權大官而有徒隸無
恥之心乎夫望夷之事二世見當以重
法者投鼠而不忌器之習也臣聞之履
雖鮮不加於枕冠雖敝不以苴履夫

嘗已在貴寵之位天子改容而體貌之
矣吏民常俯伏以敬畏之矣今而有過
帝令廢之可也退之可也賜之死可也
滅之可也若夫束縛之係緤之輸之司寇
編之徒官司寇小吏詈罵而搒笞之殆
非所以令衆庶見也夫卑賤者習知尊

貴者之一旦吾亦乃可以加此也非所以習天下也非尊尊貴貴之化也夫天子之所嘗敬衆庶之所嘗寵死而死耳賤人安宜得如此而頓辱之哉豫讓事中行之君智伯伐而滅之移事智伯及趙滅智伯豫讓釁面吞炭必報襄子五

趙而不中人問豫子豫子曰中行衆人畜我我故衆人事之智伯國士遇我我故國士報之故此一豫讓也反君事讎行若狗彘已而抗節致忠行出乎烈士人主使然也故人主遇其大臣如犬馬彼將犬馬自爲也如遇官徒彼將

官徒自爲也頑頓無恥奊音頡詬無節
廉恥不立且不自好苟若而可故見利
則逝見便則奪主上有敗則因而挻
之矣主上有患則吾苟免而已立而觀
之耳有便吾身者則欺賣而利之耳
人主將何便於此羣下至衆而主上至

少也所託財器職業者粹於羣下也俱無私俱苟安則主上冢病故古者禮不及庶人刑不至大夫所以厲寵臣之節也古者大臣有坐不廉而廢者不謂不廉曰簠簋不飾坐汙穢淫亂男女無別者不曰汙穢曰帷薄不脩

坐罷軟不勝任者不謂罷軟曰下官不職故貴大臣定有其罪矣猶未斥然正以謼(音呼)之也尚遷就而為諱也故其在大譴大何之域者聞譴何則白冠氂纓盤水加劍造請室而請罪耳上不執縛係引而行也其有中罪

者聞命而自弛上不使人頸盭而加也
其有大罪者聞命則北面再拜跪而自
裁上不使捽抑而刑之也曰子大夫自有
過耳吾遇子有禮矣遇之有禮故羣
臣自憙嬰以廉恥故人矜節行上
設廉恥禮義以遇其臣而臣不以

節行報其上者則非人類也故化成俗
定則為人臣者主耳忘身國耳忘家
公耳忘私利不苟就害不苟去唯義
所在上之化也故父兄之臣誠死宗廟
法度之臣誠死社稷輔翼之臣誠
死君上守圉扞敵之臣誠死城郭封

疆故曰聖人有金城者比物此志也彼且爲我死故吾得與之俱生彼且爲我亡故吾得與之俱存夫將爲我危故吾得與之皆安顧行而忘利守節而伏義固可以託不御之權可以寄六尺之孤此厲廉恥行禮義之所致也

主上何喪焉此之不爲而顧彼之久行
故曰可爲長太息者此也

賢良策

公孫弘

菑川薛人也武帝元光五年弘年六十以賢良徵爲博士

制曰蓋聞上古至治畫衣冠異章服而
民不犯陰陽和五穀登六畜蕃甘露

降風雨時嘉禾興朱草生山不童川
不涸麒鳳在郊藪龜龍遊於沼河
洛出圖書父不喪子兄不哭弟北發
渠搜南撫交阯舟車所至人跡所及
跂行喙息咸得其宜朕甚嘉之今何
道而臻乎此子大夫脩先聖之術明君

臣之義講論洽聞有聲當世敢問
子大夫天人之道何所本始吉凶之效安
所期焉禹湯水旱厥咎何由仁義禮
知四者之宜當安設施屬統垂業物
鬼變化天命之符廢興何如天文地
理人事之紀子大夫習焉其悉意正

議詳具其對著之于篇朕將親覽焉靡有所隱弘對曰臣聞上古堯舜之時不貴爵賞而民勸善不重刑罰而民不犯躬率以正而遇民信也末世貴爵厚賞而民不勸深刑重罰而姦不止其上不正遇民不信也夫

厚賞重刑未足以勸善而禁非必信而已矣是故因能任官則分職治去無用之言則事情得不作無用之器即賦斂省不奪民時不妨民力則百姓富有德者進無德者退則朝廷尊有功者上無功者下則羣臣逡罰當罪

則姦邪止賞當賢則臣下勸凡此八者治民之本也故民者業之即不爭理得則不怨有禮則不暴愛之則親上此有天下之急者也故法不遠義則民服而不離和不遠禮則民親而不暴故法之所罰義之所去也和之所賞禮

之所取也禮義者民之所服也而賞罰順之則民不犯禁矣故畫衣冠異章服而民不犯者此道素行也臣聞氣同則從聲比則應令人主和德於上百姓和合於下故心和則氣和氣和則形和形和則聲和聲和則天

地之和應矣故陰陽和風雨時甘露降五穀登六畜蕃嘉禾興朱草生山不童澤不涸此和之至也故形和則無疾無疾則不夭故父不喪子兄不哭弟德配天地明並日月則麟鳳至龜龍在郊河出圖洛出書遠方之

君莫不說義奉幣而来朝此和之極
也臣聞之仁者愛也義者宜也禮者
所履也智者術之原也致利除害兼
愛無私謂之仁明是非立可否謂之
義進退有度尊卑有分謂之禮擅
殺生之柄通壅塞之塗權輕重之

數論得失之道使遠近情僞必見於上謂之術凡此四者治之本道之用也皆當設施不可廢也得其要則天下安樂法設而不用不得其術則主蔽於上官亂於下此事之情屬統垂業之本也臣聞堯遭洪水使禹治之未聞禹

之有水也若湯之旱桀之餘烈也桀紂行惡受天之罰禹湯積德以王天下因此觀之天德無私親順之和起逆之害生此天文地理人事之紀臣弘愚戇不足以奉大對時對者百餘人太常奏弘第居下策奏天子擢弘對爲一

召見容貌甚麗拜爲博士待詔金馬門弘復上疏曰陛下有先聖之位而無先聖之名有先聖之民而無先聖之吏是以世同而治異先世之吏正故其民篤今世之吏邪故其民薄政弊而不行令倦而不聽夫使邪吏行弊政

用倦令治薄民民不可得而化此治之
所以異也臣聞周公旦治天下期年而
變三年而化五年而定之唯陛下之所
志書奏天子以册書荅曰問弘稱周公
之治弘之材能自視孰與周公賢對曰
愚臣淺薄安敢比材於周公雖然愚

心曉然見治道之可以然也夫虎豹馬牛禽獸之不可制者也及其教馴服習之至可牽持駕服唯人之從臣聞撓曲木者不累日銷金石者不累月夫人扵利害好惡豈比禽獸木石之類哉期年而變臣弘尚竊遲之上異其言

直言策

杜欽 字子夏成帝時日蝕地震詔舉賢良方正能直言士合陽侯梁放舉欽欽上對

臣聞日蝕地震陽微陰盛也臣者君之陰也子者父之陰也妻者夫之陰也夷狄者中國之陰也春秋日蝕三十六地

震五或夷狄侵中國或政權在臣下
或婦乘夫或臣子背君父事雖不同
其類一也臣竊觀人事以考變異則
本朝大臣無不自安之人外戚親屬無
乖剌之心關東諸侯無强大之國三
垂蠻夷無逆理之節殆爲後宮何以

言之曰以戊申蝕時加未戊未土也土者中宮之部也其夜地震未央宮殿中此必適妻將有爭寵相害而爲患者雖陛下深戒之變感以類相應人事失於下變象見於上能應之以德則異咎消亡不能應之以善則禍敗

至高宗遭雊雉之戒飭己正事享百年之壽殿道復興要在所以應之非誠不立非信不行宋景公小國之諸侯耳有不忍移禍之誠出人君之言三熒惑為之退舍以陛下聖明內推至誠深思天變何應而不感何搖而不

動孔子曰仁遠乎哉惟陛下正后妾
抑女寵防奢泰去佚游躬節儉親
萬事數御安車由輦道親二宮之饔
膳致昏晨之定省如此即堯舜不足
與比隆咎異何足之消滅如不留聽於庶
事不論材而授位殫天下之財以奉淫

修匱萬姓之力以從耳目近諂諛之人而遠公方信讒賊之臣以誅忠良賢俊失在巖穴大臣懟於不已雖無變異社稷之憂也天下至大萬事至衆祖業至重誠不可以佚豫爲不可以奢泰持也唯陛下忍無益之欲以全衆庶之命

臣欽愚戇言不足采

白虎殿策

杜欽成帝盡召直言之士詣白虎殿對策

策曰天地之道何貴王者之法何如六經之義何上人之行何先取人之術何以當世之治何務各以經對欽對曰臣聞天道

貴信地道貴貞不信不貞萬物不生
生天地之所貴也王者承天地之所生理
而成之昆蟲草木靡不得其所王者
法天地非仁無以廣施非義無以正身
克己就義恕以及人六經之所上也不孝
則事君不忠涖官不敬戰陳無勇朋

友不信孔子曰孝無終始而患不及者未之有也孝人行之所先也觀本行於鄉黨考功能於官職達觀其所舉富觀其所予窮觀其所不爲乏觀其所不取近觀其所爲遠觀其所主孔子曰視其所以觀其所由察其所安人焉廋

哉取人之術也殷因於夏尚質周因於殷尚文今漢家承周秦之敝宜抑文尚質廢奢長儉表實去偽孔子曰惡紫之奪朱當世治之所務也臣竊有所憂言之則拂心逆指不言則漸日長為禍不細然小臣不敢廢道而求從違忠

而耦意臣聞玩色無厭必生好憎之
心好憎之心生則愛寵偏於一人愛寵
偏於一人則繼嗣之路不廣而嫉妬之
心興矣如此則匹婦之説不可勝也唯陛
下純德普施無欲是從此則衆庶咸
説繼嗣日廣而海内長安萬事之是

非何之備言

獲白麟對

終軍字子云濟南人也武帝時獲白麟一角而五蹄又得奇木上異此二物博謀羣臣軍乃對之

臣聞詩頌君德樂舞后功異經而同指明盛德之所隆也南越竄屏葭葦

與魚鳥羣亞朔不及其俗有司臨境
而東甌內附閩王伏辜南越賴救北胡
隨畜薦居禽獸行虖狼心上古未能
攝大將軍秉鉞單于奔幕驃騎抗
旌昆吾右衽是澤南洽而威北暢也若
罰不阿近舉不遺遠設官俟賢縣賞

待功能者進以保祿罷者退而勞力刑
於宇內矣履象美而不足懷聖明不
專建三宮之文質章厥職之所宜封
禪之君無聞焉夫天命初定萬事草創
及臻六合同風九州共貫必待明聖潤
色祖業傳於無窮故用至成王然後

制定而休徵之應見陛下感日月之光垂聖恩於勤成專神明之敬奉燔瘞於郊宮獻享之精交神積和之氣塞明而異獸來獲宜矣昔武王中流未濟白魚入於王舟俯取以燎羣公咸曰休哉今郊祀未見於神祇而獲獸以饋此天

之所以示饗而上通之符合也宜因昭時
令曰改定告元首以白茅於江淮發嘉
瑞於營丘以應緝熙使著事者有紀
焉蓋六鷁退飛逆也白魚登舟順也
夫明闇之徵上亂飛鳥下動淵魚各
以類推今野獸並角明向本也衆支內

附示無外也若此之應殆將有解編髮削左衽襲冠帶要衣裳而蒙化者也斯拱而竢之矣上甚異之改元爲元狩

賢良策

鼂錯

潁川人也時下詔舉賢良文學之士錯在選中乃對此策

詔曰惟十有五年九月壬子皇帝曰昔者大禹勤求賢士施及方外四極之内舟車所至人迹所及靡不聞命以輔其不逮近者獻其明遠者通厥聰比善戮力以翼天子是以大禹能無失德夏以長楙高皇帝親除大害

去亂從並建豪英以為官師為諫爭
輔天子之闕而翼戴漢宗也賴天之靈
宗廟之福方內以安澤及四夷今朕獲
執天下之正以承宗廟之祀朕既不德
又不敏明弗能燭而智不能治此大夫之
所著聞也故詔有司諸侯王三公九卿

及王郡吏各師其志以選賢良明於
國家之大體通於人事之終始及能直
言極諫者各有人數將以匡朕之不逮
二三大夫之行當此王道朕甚嘉之故
登大夫于朝親諭朕志大夫其上主道
之要及永惟朕之不德吏之不平政之不

宣民之不寧四者之關悉陳其志毋有所隱上以薦先帝之宗廟下以興愚民之休利著之于篇朕親覽焉觀大夫所以佐朕至與不至書之周之密之重之閑之興自朕躬大夫其正論毋執枉事烏乎戒之二三大夫其帥志毋怠錯

對曰平陽侯臣窋汝陰侯臣竈潁陰侯臣何廷尉臣宜昌隴西太守臣昆邪所選賢良太子家令臣錯昧死再拜言臣竊聞古之賢主莫不求賢以輔翼故黃帝得力牧而爲五帝先大禹得咎繇而爲三王祖齊桓公得筦子而爲五

伯長令陛下講于大禹及高皇帝之逮豪英也退託於不明以求賢良讓之至也臣竊觀一世之傳名高皇帝建功業陛下之德厚而得賢佐皆有司之所覽刻於玉版藏於金匱歷之春秋紀之後世為帝王者祖宗與天地相終今

臣窒等乃以臣錯充賦猶言備数甚不稱明詔求賢之意臣錯草茅臣無識知昧死上愚對曰詔策曰明於國家大體臣竊以古之五帝明之臣聞五帝神聖其臣莫能及故自親事處於法宮之中明堂之上動靜上配天下順地中得人故衆生

之類無不覆也根著之徒無不載也燭以光明無偏異也德上及飛鳥下至水蟲草木諸產皆被其澤然後陰陽調四時節日月光風雨時膏露降五穀熟妖孽滅賊氣息民不疾疫河出圖洛出書神龍至鳳鳥集德

澤滿天下光明施四海此謂配天地治國大體之功詔策曰通於人事終始臣竊以古之三王明之臣聞三王臣主俱賢故合謀相輔計安天下莫不本於人情人情莫不欲壽三王生而不傷也人情莫不欲富三王厚而不困

也人情莫不欲安三王扶而不危也人情莫不欲逸三王節其力而不盡也其為法令也合於人情而後行之其動衆使民也本於人事然後為之取人以己內恕及人情之所惡不以彊人情之所欲不以禁民是以天下樂其政歸其德

望之若父母從之若流水百姓和親國家安寧名位不失施及後世此明於人情終始之功也詔策曰直言極諫愚臣竊以五伯之臣明之臣聞五伯不及其臣故屬之以國任之以事五伯之佐之為人臣也察身而不敢誣奉法令不容私盡

心力不敢矜遭患難不避死見賢不居其上受祿不過其量不以無能居尊顯之位自行若此可謂方正之士矣其立法也非以苦民傷衆而為之機陷也以之興利除害尊主安民而救暴亂也其行賞也非虐取民財妄予人也以勸

天下之忠孝而明其功也故功多者賞厚功少者賞薄如此歛民財以顧其功而民不恨者知與而安已也其行罰也非以忿怒妄誅而從暴心也以禁天下不忠不孝而害國者也故罪大者罰重罪小者罰輕如此民雖伏罪至死而

不怨者知罪罰之至自取之也立法若此可謂平正之吏矣法之逆者請而更之不以傷民主行之暴者逆而復之不以傷國救主之失補主之過揚主之美明主之功使主内無邪辟之行外無騫汙之名事君若此可謂直言極諫之士

矣此五伯之所以德匡天下威正諸侯功業甚美名聲章明舉天下之賢主五伯與焉此身不及其臣而使能直言極諫補其不逮之功也今陛下人民之衆威武之重德惠之厚令行禁止之勢萬萬於五伯而賜愚臣策曰匡朕之

不逮愚臣何足以識陛下之高明而奉承之詔策曰吏之不平政之不宣民之不寧愚臣竊以秦事明之臣聞秦始并天下之時其主不及三王而臣不及其佐三王之佐然功力不遲者何也地形便山川利財用足民利戰其所與並者六國六

國者臣主皆不肖謀不輯民不用故當此之時秦家富強夫國富強而鄰國亂者帝王之資也故秦能兼六國立爲天子當此之時三王之功不能進焉及其末塗之衰也任不肖而信讒賊宮室過度耆慾無極民力罷盡賦斂不節矜奮

自賢羣臣恐諛驕溢縱恣不顧患禍妄賞以隨喜意妄誅以快怒心法令煩憯刑罰暴酷輕絕人命身自射殺天下寒心莫安其處姦邪之吏乘其亂法以成其威獄官主斷生殺自恣上下瓦解各自為制秦始亂之時吏之所先侵者貧

人賤民也至其中節所侵者富人吏家也及其末塗所侵者宗室大臣也是故親疏皆危内外咸怨離散逋逃人有走心陳勝先倡天下大潰絶祀亡世爲異姓福此吏不平政不宣民不寧之禍也今陛下配天象地覆露萬民絶秦之迹

除其亂法躬親本事廢去淫末除奇觧嬈寬大愛人肉刑不用罪人無帑非謗不治鑄錢者除聽民自鑄通關去塞不孽諸侯孽疑也賓禮長老愛恤少孤罪人有期早淡之也後宮出嫁尊賜孝悌農民不租明詔軍師愛士大夫求進方正廢退

姦邪除去陰刑宮刑也害民者誅憂勞百
姓列侯就都親耕躬用視与示同民不奢
所為天下興利除害變法易故以安海
內者大功數十皆上世之所難及陛下行
之道純德厚元元之民幸矣詔策曰
永惟朕之不德愚臣不足以當之策詔

曰悉陳其志毋有所隱愚臣竊以五帝之賢臣明之臣聞五帝其臣莫能及則自親之三王臣主俱賢則共憂之五伯不及其臣則任使之此所以神明不遺而賢聖不廢也故各當其世而立功德焉傳曰往者不可及來者猶

可待能明其世者謂之天子與之謂也
竊聞戰不勝者易其地民貧窮變
其業今以陛下神明德厚資財不下
五帝臨制天下至今十有六年民不
益富盜賊不衰邊境未安其所以
然意者陛下未之躬親而待羣臣

也今執事之臣皆天下之選已然莫能
望陛下清光譬之猶五帝之佐也陛
下不自躬親而待下望清光之臣臣竊恐
神明之遺也日損一日歲無一歲日月
益暮盛德不及究於天下以傳萬世
愚臣不自度量竊為陛下惜之昧死

上狂惑草茅之愚臣言唯陛下財擇

賢良策

谷永建始三年冬日食地震同日俱發舉方正直言極諫永及對

對曰陛下秉至聖之純德懼天地之戒

異飭身修政納問公卿又下明詔帥

舉直言燕見紬繹以求咎愆使臣等

得造明朝承聖問臣材朽學淺不通
政事竊聞明王即位正五事建大中
以承天心則庶徵序於下日月理於上
陛下踐至尊之祚為天下主奉帝王之
職以統羣生方內之治亂在陛下所執
誠留意於正身勉強力行損燕私之

間以勞天下放去淫溺之樂罷歸倡優之笑絶郤不享之義慎節游田之虞起居有常循禮而動躬親政事致行無倦安服若性經曰繼自今嗣王其毋淫于酒毋逸于游日惟正之共未有身治正而臣下邪者也夫妻之際

王事綱紀安危之機聖王所致慎也昔舜飭正二女以崇至德楚莊忍絕丹姬以成伯功幽王惑於褒姒周德降亡魯桓脅於齊女社稷以傾誠修後宮之政明尊卑之序貴者不得嫉妬專寵以絕驕慢之端抑褒閻之亂賤者咸得

進秩各得厥職以廣繼嗣之統息白華之怨後宮親屬饒之以財勿豫政事以遠皇父之類見十月之交詩損妻黨之權未有閨門治而天下亂者也治遠自近始習善在左右昔龍筦納言而帝命惟允四輔左輔右弼前疑後丞既備成王靡有過士誠救正左右

齋栗之臣戴金貂之飾執常伯之職者皆使學先王之道知君臣之義濟濟謹孚無敖戲驕恣之過則左右肅乂羣僚仰法化流四方經曰亦惟先正克左右未有左右正而百官枉者也治天下者尊賢考功則治簡賢違功則亂

誠審思治人之術歡樂得賢之福論材選士必試於職明度量以程能考功實以定德無用比周之虛譽毋聽浸潤之譖愬則抱功修職之吏無蔽傷之憂比周邪僞之徒不得即工小人日銷俊人日隆經曰三載考績三考黜陟

幽明又曰九德咸士俊乂在官未有功
賁得於前衆賢布於官而不治者也
堯遭洪水之災天下分絶爲十二州制
遠之道微而無乖畔之難者德厚恩
深無怨於下也秦居平土一夫大呼而
海内崩析者刑罰深酷吏行殘賊也

夫違天害德為上取怨於下莫甚乎殘賊之吏誠放退殘賊酷暴之吏錮廢勿用益選温良上德之士以親萬姓平刑釋寬以理民命務省徭役無奪民時薄收賦稅毋殫民財使天下黎元咸安家樂業不苦踰時之役

不惠苛暴之政不疾酷烈之吏雖有唐堯之大災民無離上之心經曰懷保小人惠于鰥寡未有德厚吏良而民畔者也臣聞災異皇天所以遣告人君過失猶嚴父之明誡畏懼爲政則禍銷福降忽然簡易則咎罰不

除經曰饗用五福畏用六極傳曰六
沴（音麗，妖氣）作見若不共禦六罰既侵六極
其下今三年之間災異鋒起小大畢
具所行不享上帝上帝不豫炳然甚
著不求之身無所改正疏舉廣謀
人不用其言是循不享之迹無謝過

之實也天責愈深此五者王事之綱紀南面之急務唯陛下留神其夏皆令諸方正對策永對畢因曰臣前年得條對災異之效禍亂所極言關於聖聰書陳於前陛下委棄不納而更使方正對策皆可懼之大

異聞不急之常論廢承天之至言角

無用之虛文欲求殺災異滿讕誣天

是故皇天赫然發怒甲己之間暴風

三湊拔樹折木此天至明不可欺之

效也

兩漢策要卷之一

兩漢筞要卷之二

封事

劉向 字子正本名更生元帝時周堪張猛見任向懼其傾危乃上封事

臣聞舜命九官濟濟相讓和之至也衆賢和於朝則萬物和於野故簫韶九成而鳳皇来儀擊石拊石而

百獸率舞四海之内靡不和寧及
至周文開基西郊雍還衆賢罔不
肅和崇推讓之風以銷分争之訟
文王既没周公思慕歌詠文王之德
其詩曰於穆清廟肅雍顯相濟濟
多士秉文之德當此之時武王周公

繼政朝臣和於內萬國懽於外故盡
得其懽心以事其先祖其詩曰有来
雍雍至止肅肅相維辟公天子穆穆
言四方皆以和来也諸侯和於下天
應報於上故周頌曰降福穰穰又曰
飴我釐麰釐麰麥也始自天降此

皆以和致和獲天助也下至幽厲之際朝廷不和轉相非怨詩人疾而憂之曰民之無良相怨一方衆小在位而從邪議歙歙相是而背君子故其詩曰歙歙訿訿亦孔之哀謀之其臧則具是違謀之不臧則具是依君

子獨處守正不撓衆枉勉强以從王
事則反見憎毒讒愬故其詩曰密
勿從事不敢告勞無罪無辜讒口
嗸〻當是之時日月薄蝕而無光
其詩曰朔日辛卯日有蝕之亦孔之
醜又曰彼月而微此日而微今此下

民亦孔之哀又曰日月告凶不用其行
四國無政不用其良天變見於上地
變動於下水泉沸騰山谷易處其
詩曰百川沸騰山冢崒崩高岸為
谷深谷為陵哀今之人胡憯莫懲
霜降失節不以其時其詩曰正月

緐霜我心憂傷民之訛言亦孔之將言民以是爲非甚衆大也此皆不和賢不肖易位之所致也自此之後天下大亂篡殺殃禍並作厲王奔彘幽王見殺至乎平王末年魯隱始即位也周大夫祭伯乖離不和出奔於

魯而春秋為諱不言來奔傷其殃禍自此始也是後尹氏世卿而專恣諸侯背畔而不朝周室卑微二百四十年之間遂至陵夷不能復興由此觀之和氣致祥乖氣致異祥多者其國安異衆者其國危天地之

常經古今之通義也今陛下闡三代之業招文學之士優游寬容使得並進今賢不肖渾殽白黑不分邪正雜糅忠讒並進章交公車人滿北軍朝臣舛午膠戾乖刺更相讒愬轉相是非傳授增加文書紛糾前後錯

謬毀譽渾亂所以營惑耳目感移心意不可勝載分曹為黨往往群朋將同心以陷正臣正臣進者治之表也正臣陷者亂之幾也秉治亂之機未知孰任而災異數見此臣所以寒心者也夫秉權藉勢之人子弟鱗集於朝

羽翼陰附者衆輻湊於前毀譽將必用以終乎離之咎是以日月無光雪霜夏隕海水沸出陵谷易處列星失行皆怨氣之所致也夫遵衰周之軌迹循詩人之所刺而欲以成太平致雅頌猶卻行而求及前人也初元以來

六年矣按春秋六年之中災異未有稠如今者也夫有春秋之異無孔子之救猶不能解紛況甚於春秋乎原其所以然者讒邪並進也讒邪之所以並進者由上多疑心既已用賢人而行善政如或譖之則賢人退而善政還夫執狐疑之心者來讒賊

之口持不斷之意者開群枉之門讒邪進則衆賢退群枉盛則正士消故易有否泰小人道長君子道消君子道消則政日亂故爲否否者閉而亂也君子道長小人道消小人道消則政日治故爲泰泰者通而治也詩又云

雨雪瀌瀌見晛聿消與易同義昔者鯀共工驩兜與舜禹雜處堯朝周公與管蔡並居周位當是時迭進相毀流言相謗豈可勝道哉帝堯成王能賢舜禹周公而消共工管蔡故以大治榮華至今孔子與季孟

備任於魯李斯與叔孫俱官於秦
之公始皇賢季盍李斯而消孔子叔
孫故以大亂汚辱至今故治亂榮辱
之端在所信任信任既賢在於堅固
而不移詩云我心匪石不可轉也言守
善篤也易曰渙汗其大號言號令如

汗汗出而不反者也今出善令未能逾時而反是反汗也用賢未能三旬而退是轉石也論語曰見不善如探湯今二府奏佞讒不當在位歷年而不去故出令則如反汗用賢則如轉石去佞則如拔山如此望陰陽之調不亦難乎

是以羣小窺見間隙緣飾文字巧言醜詆流言飛文譁於民間故詩云憂心悄悄慍于羣小小人成羣誠足慍也昔孔子與顔淵子夏更相稱譽不爲朋黨禹稷與皐陶傳相汲引不爲比周何則忠於爲國無邪心也故

賢人在上位則引其類而聚之於朝易曰飛龍在天大人造也在下位則思與其類俱進易曰拔茅茹以其彙征吉在上則引其類在下則推其類故湯用伊尹不仁者遠而衆賢至類相致也今倿邪與賢臣並交戰之內

合黨共謀違善依惡歙〻訿〻數設

危險之言欲以傾移主上如忽然用之

此天地之所以先戒災異之所以重至者

也自古明王未有無誅而治者也故舜

有四放之罰而孔子有兩觀之誅然後

聖化可得而行也合今以陛下明知誠深

思天地之心迹察兩觀之誅覽否泰之
卦觀雨雪之詩歷周唐之所進以爲法
原秦魯之所消以爲戒考祥應之福
省災異之禍以揆當世之變放遠倿
邪之黨壞散險詖之聚杜閉羣枉之
門廣開衆正之路決斷狐疑分別猶

豫使是非炳然可知則百異消滅而衆
祥並至太平之基萬世之利也臣幸得
託肺腑誠見陰陽不調不敢不通所
聞竊推春秋災異以救今事一二條
其所以不宜宣泄臣謹重封昧死上
恭顯見書與許史愈恐

至言

賈山 潁川人也孝文帝時言治亂之道借秦為諭名至言

臣聞為人臣者盡忠竭愚以直諫主不避死亡之誅者臣山是也臣不敢以久遠諭願借秦以為諭唯陛下少加意焉夫布衣韋帶之士脩身於内成名

於外而使後世不絕息至秦則不然貴爲天子富有天下賦斂重數百姓任罷赭衣半道群盜滿山使天下之人戴目而視傾耳而聽一夫大呼天下嚮應者陳勝是也秦非徒如此也起咸陽而西至雍離宮三百鐘鼓帷帳

不移而具又爲阿房之殿殿高數十仞東西五里南北千步從車羅綺四馬鶩馳旌旗不橈爲宫室之麗至於此使其後世曾不得聚廬而託處焉爲馳道於天下東窮燕齊南極吳楚江湖之上瀕海之觀畢至道廣五十步三丈

而樹厚築其外隱以金椎樹以青松
爲馳道之麗至於此使其後世曾不
得邪徑而託足焉死葬乎驪山吏徒
數十萬人曠日十年下徹三泉合采
金石冶銅錮其內漆塗其外被以珠
玉飾以翡翠中成觀游上成山林爲葬

蘊之移至於此使其後世曾不得逢顆藪家而託葬焉秦以熊羆之力虎狼之心蠶食諸侯并吞海內而不篤禮義故天殃已加矣臣昧死以聞願陛下少留意而詳擇其中臣聞忠臣之事君也言切直則不用而身危不

切直則不可以明道故切直之言明主所欲急聞忠臣之所以蒙死而竭知也地之磽者雖有善種不能生焉江皋河瀕雖有惡種無不猥大昔者夏商之季世雖關龍逢箕子比干之賢身死亡而道不用文王之時豪俊之

士皆得竭其智努蕘採薪之人皆得盡其力此周之所以興也故地美者善養禾君之仁者善養士雷霆之所擊無不摧折者萬鈞之所壓無不糜滅者今人主之威非特雷霆也勢重非特萬鈞也開道而求諫和顏色而受

之用其言則顯其身士恐懼而不敢自盡又乃況於縱欲恣行暴虐惡聞其過乎震之以威壓之以重則雖有堯舜之智虎賁之勇豈有不摧折者哉如此則人主不得聞其過失矣弗聞則社稷危矣古者聖王之制史在

前書過失工誦箴諫瞽誦詩諫公卿

比諫士傳言諫過庶人謗於道商旅議

於市然後君得聞其過失也聞其過

失而改之見義而從之所以永有天下

也天子之尊四海之內其義莫不爲

臣然而養三老於太學親執醬而餽

執爵而酳音胤祝饐在前祝鯁在後公卿奉杖大夫進履舉賢以自輔弼求脩正之士使直諫故以天子之尊尊養三老視孝也立輔弼之臣者恐驕也置直諫之士者恐不得聞其過也學問至於芻蕘者求善無厭食也商人庶

人謗誹已而改之從善無不聽也昔者秦政力并萬國富有天下破六國以爲郡縣築長城以爲關塞秦地之固大小之執輕重之權其與一家之富一夫之强胡可勝計也然而兵破於陳涉地奪於劉氏者何也秦王貪狠暴虐殘

賊天下竆國萬民以適其欲也昔者周蓋千八百國以九州之民養千八百國之君用民之力不過歲三日什一而藉君有餘財民有餘力而頌聲作秦皇帝以千八百國之民自養力罷不能勝其役財盡不能勝其求一君

之身耳所以自養者馳騁弋獵之娛天下弗能供也勞罷者不得休息飢寒者不得衣食無罪而死刑者無所告訴人與之爲怨家與之爲讎故天下壞也秦皇身在之時天下已壞矣而弗自知也秦始皇東巡狩至會稽琅邪

刻石著其功自以為過堯舜統縣石鑄鍾虡篩土築阿房之宮自以為萬世有天下也古者聖王作謚三四十世耳唯堯舜禹湯文武絫世廣德以為子孫基業無過二三十世者也秦皇帝曰死而以謚法是父子名号有時相襲也

以一至萬則世世不相復也故死而号曰始皇帝其次曰二世皇帝者欲以一至萬也秦皇帝計其功德度其後嗣世世無窮然身死纔數月耳天下四面攻之宗廟滅絶矣秦皇帝居滅絶之中而不自知者何也天下莫敢告

也其所以莫敢告者何也無養老之義無輔弼之臣無進諫之士縱恣行誅退誹謗之人殺直諫之士是以導諛媮合苟容比其德則賢於堯舜課其功則賢於湯武天下已潰而莫之告也詩曰匪言不能胡此畏忌聽言則對

諸言則退此之謂也又曰濟濟多士文王以寧天下未嘗無士也然而文王獨言以寧者何也文王好仁則仁興得士而敬之則士用用之有禮義故不致其愛敬則不能盡其心不能盡其心則不能盡其力不能盡其力則不能盡其功

故古之賢君於其臣也尊其爵祿而親之疾則臨視之亡數死則往弔哭之臨其小斂大斂已棺塗而後爲之服錫衰麻絰而三臨其喪未斂不飲酒食肉未葬不舉樂當宗廟之祭而死爲之廢樂故古之君人者於其臣也可謂

盡禮矣服法服端容貌正顏色然後見
之故臣下莫敢不竭力盡死以報其上
功德立於後世而令聞不忘也今陛下
念思祖考術追厥功圖所以昭光洪業
休德使天下舉賢良方正之士天下皆
訢訢焉曰將興堯舜之道三王之功矣

天下之士莫不精白以承休德今方正之士皆在朝廷矣又選其賢者使爲常侍諸吏與之馳敺射獵一日再三出臣恐朝廷之解弛百官之墮於事也諸侯聞之又必怠於政矣陛下即位親自勉以厚天下損食膳不聽樂減外徭

衛卒止歲貢省廐馬以賦縣傳去
諸苑以賦農夫出帛十萬餘疋以振
貧民禮高年九十者一子不事八十者二
筭不事言免筭賦賜天下男子爵大臣皆至公
卿嶷御府金賜大臣宗族無不被澤
者赦罪人憐其無髮賜之巾憐其衣赭

書其背父子兄弟相見也而賜之衣平獄緩刑天下莫不說喜是以元年膏雨降五穀登此天之所以相陛下也刑輕於它時而犯法者寡衣食多於前年而盜賊少此天之所以順陛下也臣聞山東吏布詔令民雖老羸癃疾扶

杖而往聽之願少須臾毋死思見德化之成也今功業方就名聞方昭四方鄉風今從豪俊之臣方正之士直與之日日獵射擊兔伐狐以傷大業絕天下之望臣竊悼之詩曰靡不有初鮮克有終臣不勝大願願少衰射獵以夏

歲二月定明堂造太學脩先王之道風行俗成萬世之基定然後唯陛下所幸耳古者大臣不媟故君子不常見其齊巖之色肅敬之容大臣不得與宴遊方正修潔之士不得從射獵使皆務其方以高其節則羣臣莫敢不正

身脩行盡心以稱大禮如此則陛下之
道尊敬功業施於四海垂於萬世子孫
矣誠不如此則行日壞而榮日滅矣夫
士脩之於家而壞之於天子之廷臣
竊懸之陛下與衆臣宴游與大臣方
正朝廷論議夫游不失樂朝不失

禮議不失計執事之大者也

上書

徐樂燕無終人也

臣聞天下之患在於土崩不在瓦解古今一也何謂土崩秦之末世是也陳涉無千乘之尊疆土之地身非王公大人

名族之後鄉明之譽非有孔曾墨子之賢陶朱猗頓之富也然起窮巷奮棘矜偏袒大呼天下從風此其故何也由民困而主不恤下怨而上不知俗已亂而政不脩此三者陳涉之所以爲資也此之謂土崩故曰天下之患在乎土崩

何謂瓦解吳楚齊趙之兵是也七國謀爲大逆號皆稱萬乘之君帶甲數十萬威足以嚴其境內財足以勸其士民然不能西攘尺寸之地而身爲禽於中原者此其故何也非權輕於匹夫而兵弱於陳涉也當是之時先帝之德

未衰而安土樂俗之民衆故諸侯無竟外之助此之謂瓦解故曰天下之患不在瓦解由此觀之天下誠有土崩之勢雖布衣窮處之士或首難而危海内陳涉是也況三晉之君或存乎天下雖未治也誠能無土崩之勢雖有强

國勁兵不得還踵而身爲禽吳楚是也況羣臣百姓能爲亂乎此二體者安危之明要賢主之所留意而深察也間者關東五穀不登年歲未復民多窮困重之以邊境之事推數循理而觀之民宜有不安其處者矣不安故易動易

動者土崩之勢也故賢主獨觀萬化之原明於安危之機脩之宗廟之上而銷未形之患也其要期使天下無土崩之勢而已矣故雖有强國勁兵陛下逐走獸射飛鳥弘游燕之囿淫從恣之觀極馳騁之樂自若金石絲竹

之聲不絶於耳帷幄之私俳優侏儒之笑不乏於前而天下無宿憂名何必夏子俗何必成康雖然臣竊以陛下天然之質寬仁之資而誠以天下爲務則湯文不難侔而成康之俗未必不復興也此二體者立然後處尊安之實

揚廣譽於當世親天下而服四夷餘
思遺德為數世隆南面背依攝袂而
揖王公此陛下之所服也臣聞圖王不成
其敝足以安安則陛下何求而不得何
威而不成奚征而不服哉

上書　嚴安臨菑人也

臣聞鄒子曰政教文質者所以云救也當時則用過則捨之有易則易之故守一而不變者睹治之至也今天下人民用財侈靡車馬衣裘宮室皆競修飾調五聲使有節族雜五色使有文章重五味方丈於前以觀欲天下彼民之情

見美則顧之是教民以侈也侈而無節則不可贍民離本而徼末矣末不可徒得故搢紳者不憚爲詐帶劒者夸殺人以矯奪而世不知媿故姦究浸長夫佳麗珍怪固順於耳目故養失而泰樂失而淫禮失而采教失而僞

僞采淫泰非所以範民之道也是以天下人民逐利無已犯法者衆臣願爲民制度以防其淫使貧富不相燿以和其心心既和平其性恬安恬安不營則盜賊銷盜賊銷則刑罰少刑罰少則陰陽和四時正風雨時草木暢茂五穀蕃

熟六畜遂字民不夭癘和之至也臣聞
周有天下其治三百餘歲成康其隆也
刑錯四十餘年而不用及其衰亦三百
餘年故五伯更起伯者常佐天子興
利除害誅暴禁邪匡正海内以尊天
子五伯既沒聖賢莫續天子孤弱號

令不行諸侯恣行強陵弱衆暴寡田常篡齊六卿分晉並為戰國此民之始苦也於是強國務攻弱國修守合從連衡馳車轂擊介冑生蟣虱民無所告愬及至秦王蠶食天下并吞戰國稱號皇帝一海内之政壞諸侯

之城銷其兵鑄以為鐘虡示不復用元元黎民得免於戰國逢明天子人人自以為更生向使秦緩刑罰薄賦斂省繇役貴仁義賤權利上篤厚下佞巧變風易俗化於海內則世世必安矣秦不行是風循其故俗為知巧權

利者進篤厚忠正者退法嚴令苛譎
諛者衆日聞其美意廣心逸欲威
海外使蒙恬將兵北攻彊胡闢地進境
戍於北河飛芻輓粟以隨其後又使
尉屠睢將樓船之士攻越使監祿鑿
渠運糧深入越地越人遁逃曠日持

久糧食乏絶越人擊之秦兵大敗秦
乃使尉陀将卒以戍越當是時秦禍北
構於胡南挂於越宿兵於無用之地進
而不得退行十餘年丁男被甲丁女轉
輸苦不聊生自經於道樹死者相望
及秦皇帝崩天下大畔陳勝吳廣舉

陳武臣張耳舉趙項梁舉吴田儋

舉齊景駒舉郢周市舉魏韓廣舉

燕窮山通谷豪士並起不可勝載也然

本皆非公侯之後非長官之吏無尺寸

之勢起閭巷杖棘矜應時而動不謀

而俱起不約而同會壤長地進至乎

伯王時敎使然也秦貴為天子富有天下滅世絶祀窮兵之禍也故周失之弱秦失之强不變之患也今徇南夷朝夜郎降羌僰略薉州建城邑深入匈奴燔其龍城議者美之此人臣之利非天下之長策也今中國無狗吠之

警而外累於遠方之備靡敝國家非所以子民也行無窮之欲甘心快意結怨於匈奴非所以安邊也禍挐而不解兵休而復起近者愁苦遠者驚駭非所以持久也今天下鍛甲磨劍矯箭控弦轉輸軍糧未見休時此天下所

共憂也夫兵久而變起事煩而慮生今外郡之地或幾千里列城數十形束壤制帶脅諸侯非宗室之利也上觀齊晉之所以亡公室卑削六卿大盛也下覽秦之所以滅刑嚴文刻欲大無窮也今郡守之權非特六卿之重也地幾千

里非特閭巷之資也甲兵器械非特棘矜之用也以逢萬世之變則不可勝諱也

朝政疏

匡衡 元帝好儒術言事者多進見又傅昭儀及子定陶王愛幸寵於皇后太子衡疏之

臣聞治亂安危之機在乎審所用心蓋

受命之王務在創業垂統傳之無窮

繼體之君心存於承宣先王之德而褒

大其功昔者成王之嗣位思述文武之

道以養其心休烈盛美皆歸之二后

而不敢專其名是以上天歆享鬼神

祐焉其詩曰念我皇祖陟降庭止

言成王常思祖考之業而鬼神祐助
其治也陛下聖德天覆子愛海內然
陰陽未和姦邪未禁者殆論議者未
丕揚先帝之盛功爭言制度不可用
也務變更之所更或不可行而復行之
是以羣下更相是非吏民無所信臣

竊恨國家釋樂成之業而虛為此紛
紛也顧陛下詳覽統業之事留神於
遵制揚功以定羣下之心大雅曰無念
爾祖聿脩厥德孔子著之孝經首章
蓋至德之本也傳曰審好惡理情性而
王道畢矣能盡其性然後能盡人物

之性能盡人物之性可以贊天地之化
治性之道必審己之所有餘而強其所
不足蓋聰明踈通者戒於大察寡聞
少見者戒於壅蔽勇猛剛強者戒於
大暴仁愛溫良者戒於無斷湛靜安
舒者戒於後時廣心浩大者戒於遺

忘必審己之所當戒而齋之以義然後中和之化應而巧僞之徒不敢比周而望進唯陛下戒所以崇聖德臣又聞室家之道脩則天下之理得故詩始國風禮本冠婚始乎國風原情性而明人倫也本乎冠婚正基兆而防未然也福

之興莫不本乎室家之道衰莫不始乎梱內故聖王必慎妃后之際別適長之位禮之於內也卑不踰尊新不先故所以統人情而理陰氣也其尊適而卑庶也適子冠乎阼禮之用醴衆子不得與列所以貴正體而明嫌疑也非

虛加其禮文而已乃中心與之殊異故禮探其情而見之外也聖人動靜游燕所親物得其序得其序則海內自脩百姓從化如當親者疏當尊者卑則佞巧之姦因時而動以亂國家故聖人慎防其端禁於未然不以私情害

公義陛下聖德純備莫不備正則天下無為而治詩云于以四方克定厥家傳曰正家而天下定矣

諫書

枚乘字叔淮陰人也為吳王濞郎中吳王之初怨望謀為逆乘奏書諫之

臣聞得全者全昌失全者全亡舜無立
錐之地以有天下禹無十戶之衆以王
諸侯湯武之土不過百里上不絕三光
之明下不傷百姓之心者有王術也故
父子之道天性也忠臣不避重誅以直
諫則事無遺策功流萬世臣乘願

披腹心而効愚忠唯大王少加意念惻怛之心於臣乘言夫以一縷之任係千鈞之重上縣無極之高下垂不測之淵雖甚愚之人猶知哀其將絶也馬方駭鼓而驚之係方絶又重鎮之係絶於天不可復結隊入深淵難以復

出其出不出閒不容髮能聽忠臣
之言百舉必脫必若所爲危於絫卵
難於上天變所欲爲易於反掌安於
泰山今欲極天命之事敝無窮之樂
究萬乘之勢不出反掌之易而居泰
山之安而欲乘絫卵之危走上天之難

此愚医之所大惑也人性有畏其景而惡其跡者卻背而走跡愈多而景愈疾不知就陰而止景滅跡絕欲人勿聞莫若勿言欲人勿知莫若勿為欲湯之滄一人炊之百人揚之無益也不如絕薪止火而已不絕之於彼而救之

於此譬猶抱薪而救火也養由基楚之
善射者也去楊葉百步百發百中
楊葉之大加百中焉可謂善射矣然
其所止乃百步之內耳比於臣乘未知
操弓持矢也福生有基禍生有胎納
其基絶其胎禍何自來泰山之霤穿

石單極之綆（音梗　井索）斷幹水非石之鑽索非木之鋸漸摩使之然也夫銖銖而稱之至石必差寸寸而度之至丈必過石稱丈量徑而寡失夫十圍之木始生如蘖足之以搔而絕手可擢而拔據其未生先其未形也磨礱砥厲不見其損有

時而盡種樹畜養不見其益有時
而大積德累行不知其善有時而用
棄義背理不知其惡有時而亡臣
願大王孰計而身行之此百世不易
之道也吳王不納

諫書

鄒陽 齊人也吳王濞以太子事怨望稱疾不朝陽書諫

臣聞交龍襄首奮翼則浮雲出流霧雨咸集聖王底節脩德則游談之士歸義思名今臣盡智畢議易精極慮則無國不可奸飾固陋之心則何王之門不可曳長裾乎然臣所以歷數王

之朝背淮千里而自致者非惡臣國而
樂吳民也竊高下風之行尤說大王之
義故願大王之無忽察聽其志臣聞
鷙鳥累百不如一鶚夫全趙之時武力
鼎士袨（音縣好衣）服叢臺之下（者）一旦成市而
不能止幽王之湛患淮南連山東之

侠死士盈朝不能還厲王之西也然
而計議不得雖諸貴不能安其位亦
明矣故願大王審畫而已始孝文皇
帝據關入立寒心銷志不明求衣自
立天子之後使東牟朱虛東褒義
父之後深割嬰兒王之壤子王梁代

益以淮陽卒伍（仆）濟北因弟於壅（雍）者豈
非象新垣平等哉今天子新據先
帝之遺業左覬山東右制關中變
權易勢大臣雖知大王弗察臣恐
周鼎起（復）於漢新垣過計於朝則我
吳遺嗣不可期於世矣高皇帝燒棧

道水章邯兵不留行收弊民之倦東馳函谷西楚大破水攻則章邯以亡其城陸擊則荊王以失其地此皆國家之不幾者也願大王孰察之吳王不納其言

漢朝便宜書

魏相 字弱翁條奏漢家便宜及賢臣賈誼晁錯仲舒合奏之

臣聞明主在上賢輔在下則君安虞而民和睦臣相革得備位不能奉明法廣敎化理四方以宣聖德民多背本趨末或有飢寒之色爲陛下之憂臣相罪當萬死臣相知能淺薄

不明國家大體時用之宜相民終始未得所由竊伏觀先帝聖德仁恩之厚勤勞天下垂意黎庶憂水旱之災為民貧窮發倉廩振乏餧遣諫大夫博士行天下察風俗舉賢良平冤獄冠蓋交道省諸用寬租賦弛

山澤陂池禁秣馬酤酒貯積所以周急繼困慰安元元使〔便〕利百姓之道甚備臣相不能悉陳昧死奏故事詔書凡二十三事臣謹按王法必本於農而務積聚量入制用以備凶災亡六年之畜尚謂之急元鼎二年平原渤海

太山東郡溥被災害民餓死於道
路二千石不豫慮其難使至於此賴
明詔振救乃得蒙更生今歲不登
穀暴騰踊臨秋收斂猶有乏者至
春恐甚無以相恤西羌未平師旅在
外兵革相乘臣竊寒心宜早圖其備

雖陛下留神元元歸由先帝盛德以

撫海内上施行其策

上時政書

鮑宣字子都哀帝時太傅董賢貴幸宣疏之

竊見孝成皇帝時外親持權人人

牽引所私以充塞朝廷妨賢人路濁

亂天下奢泰無度窮困百姓是以日蝕且十彗星四起危亡之徵陛下所親見也今奈何反復劇於前乎朝臣無有大儒骨鯁白首耆艾魁壘之士論議通古今喟然動衆心憂國知（如）飢渴者臣未見也敦外親小童及幸臣董

賢等在公門省戶下陛下欲與此共承天地安海內甚難今世俗謂不智者為能謂智者為不能昔堯放四罪而天下服今除一吏而衆皆惑古刑人尚服今賞人反惑請寄為姦羣小日進國家空虛用度不足民流亡

去城郭盜賊並起吏為殘賊歲增於前凡民有七亡陰陽不和水旱為災一亡也縣官重責更賦租稅二亡也貪吏並公受取不已三亡也豪彊大姓蠶食無厭四亡也苛吏繇役失農桑時五亡也部落鼓鳴男女遮迣音治遮也六亡也

盜賊刼略取民財物七亡也七亡尚可又有七死酷吏毆殺一死也治獄深刻二死也寃陷無辜三死也盜賊橫發四死也怨讎相殘五死也歲惡飢餓六死也時氣疾疫七死也民有七亡而無一得欲望國安誠難民有七

死而無一生欲望刑措誠難此非公卿守相貪殘成化之所致邪羣臣幸得居尊官食重祿豈有肯加惻隱於細民助陛下流教化者邪志但在營私家稱賓客爲姦利而已以苟容曲從爲賢以拱默尸祿爲智謂如

臣宣等爲愚陛下擢臣嵒穴誠異有
益豪毛豈徒欲使臣美食大官重高
門之地哉天下乃皇天之天下也陛下
上爲皇天子下爲黎庶父母爲天牧養
元〻視之當如一合尸鳩之詩今貧民
菜食不厭衣又穿空父子夫婦不能

相保誠可為酸鼻陛下不救將安所歸
命乎柰何獨私養外親與幸臣董賢
多賞賜以大萬數使奴從賓客漿酒
藿肉蒼頭廬兒皆用致富非天意也
治天下者當用天下之心為心不得自
專快意而已也上之皇天見譴下之黎

庶怨恨次有諫爭之臣陛下苟欲自薄
而厚惡臣天下猶不聽也臣雖愚戇
獨不如多受祿則美食大官廣田宅
厚妻子不與惡人結仇怨安身邪誠
迫大義官以諫爭爲職不敢不竭愚
惟陛下少留神明覽五經之文原聖人

之至意深思天地之戒臣宣訥鈍於辭不勝惓惓盡死節而已

時務策　鼂錯

聖王在上而民不凍飢者非能耕而食之織而衣之也爲開其資財之道也故堯禹有九年之水湯有七年之旱

而國無捐瘠者以畜積多而備先具
也今海內爲一土地人民之衆不避湯禹
加以無天災數年之水旱而畜積未及
者何也地有遺利民有餘力生穀之
土未盡墾山澤之利未盡出也游食
之民未盡歸農也民貧則姦邪生

貧生於不足不足生於不農不農則
不地著不地著則離鄉輕家民如鳥
獸雖有高城深池嚴法重刑猶不
能禁也夫寒之於衣不待輕暖飢之
於食不待甘旨飢寒至身不顧廉恥
人情一日不再食則飢終歲不製衣

則寒夫腹飢不得食膚寒不得衣
雖慈父不能保其子君安能以有其
民哉明主知其然也故務民於農桑
薄賦斂廣畜積以實倉廩備水旱
故民可得而有也民者在上所以牧之
趨利如水走下四方無擇也夫珠玉金

銀飢不可食寒不可衣然而衆貴之者
以上用之故也其為物輕微易藏在於
把握可以周海內而無飢寒之患此令
臣輕背其主而民易去其鄉盜賊有所
勸亡逃者得輕資也粟米布帛生
於地長於時聚於力非可一日成也

數石之重中人弗勝不爲姦邪所利一日弗得而飢寒至是故明君貴五穀賤金玉今農夫五口之家其服役者不下二人其能耕者不過百畝百畝之收不過百石春耕夏耘秋穫冬藏伐薪樵治官府給繇役春不得

避風塵夏不得避暑熱秋不得避陰
雨冬不得避寒凍四時之間無日休息
又私自送往迎來弔死問疾養孤長幼
在其中勤苦如此尚復被水旱之災急
政暴賦虐賦斂不時朝令而暮改當具
有者半賈而賣亡者取倍稱之息於

是有賣田宅鬻子孫以償債者矣而
商賈大者積貯倍息小者坐列販賣
操其奇贏日游都市乘上之急所賣
必倍故其男不耕耘女不蠶織衣必文
采食必粱肉無農夫之苦有阡陌之
得因其富厚交通王侯力過吏勢以

利相傾千里游敖冠蓋相望乘堅策肥履絲曳縞此商人所以兼并農人農人所以流亡者也今法律賤商人商人已富貴矣尊農夫農夫已貧賤矣故俗之所貴主之所賤也吏之所卑法之所尊也上下相反好惡乖迕

而欲國富法立不可得也方今之務莫若使民務農而已欲民務農在於貴粟貴粟之道在於使民以粟為賞罰今募天下入粟縣官得以拜爵得以除罪如此富人有爵農人有錢粟有所渫夫能入粟以受爵皆

有餘者也取於有餘以供上用則貧民之賦可損所謂損有餘補不足令出而民利者也順於民心所補者三一曰主用足二曰民賦少三曰勸農功令民有車騎馬一匹者復卒三人車騎者天下武備也故爲復卒神農之敎曰

有石城十仞湯池百步帶甲百萬而無粟弗能守也以是觀之粟者王者大用政之本務令民入粟受爵至五大夫以上乃復一人耳此其與騎馬之功相去遠矣爵者上之所擅出於口而無窮粟者民之所種生於地而不乏

夫得高爵與免罪人之所甚欲也使天下人入粟於邊以受爵免罪不過三歲塞下之粟必多矣於是文帝從錯之言

言得失書

貢禹 字少翁元帝初即位徵爲諫大夫數虛己問以政事御史

大夫陳萬年卒禹代爲御史大夫列於三公自禹在位數言得失

臣聞古者不以金錢爲幣專意於農故一夫不耕必有受其飢者今漢家鑄錢幷諸鐵官皆置吏卒徒攻山取銅鐵一歲功十萬人已上中農食七人是七十萬人常受其飢也鑿地

許慶龍鐫

數百丈銷陰氣之精地藏空虛不能
含氣出雲斬伐林木無有時禁水旱
之災未必不由此也自五銖錢起已來
七十餘年民坐盜鑄錢被刑者衆富
人積錢滿室猶無厭足之民心動搖
商賈求利東西南北各用智巧好

衣美食歲有十二之利而不出租稅
農夫父子暴露中野不避寒暑捽山
杷土手足之胼胝已奉穀租又出稾稅
鄉部私求不可勝供故民棄本逐末
耕者不能半貧民雖賜之田猶賤
賣以賈窮則起為盜賊何者末利

深而藏於錢也是以姦邪不可禁其
原皆起於錢也疾其末者絕其本
宜罷採珠玉金銀鑄錢之官無復
以為幣市井勿得販賣除其租銖
之律租稅祿賜皆以布帛及穀使
百姓壹歸於農復古道便又言諸

離宮及長樂宮衛可減其太半以
寬繇役又諸官奴婢十萬餘人戲
游無事稅良民以給之歲費五六鉅
萬宜免為庶人廩（溧）食令代關東戍
卒乘北邊亭塞候望又欲令近臣
自諸曹侍中以上家無得私販賣

與民爭利犯者輒免官削爵不得仕宦禹又言孝文皇帝時貴廉潔賤貪汙賈人贅壻及吏坐贓者皆禁錮不得為吏賞善罰惡不阿親戚罪白者伏其誅疑者以與民無贖罪之法故令行禁止海內大化天下

斷獄四百與刑錯無異武帝始臨天下尊賢用士闢地廣境數千里自見功大威行遂從耆欲用度不足乃行一切之變使犯法者贖罪入穀者補吏是以天下奢侈官亂民貧盜賊並起亡命者衆郡國恐伏其

誅則擇便巧史書習於計簿能欺
上府者以為右職姦軌不勝則取勇
猛能操切百姓者以苛暴威服下者
使居大位故亡義而有財者顯於世
欺謾而善書者尊於朝悖逆而勇
猛者貴於官故俗皆曰何以孝弟為

財多而光榮何以禮義爲史書而
仕宧（宦）何以謹慎爲勇猛而臨官故
黥劓而髡鉗者猶復攘臂爲政於
世行雖犬彘家富勢足目指氣使
是爲賢耳故謂居官而致富者爲
雄桀處姦而得利者爲壯士兄勸

許慶龍鐫

其弟父勉其子俗之壞敗乃至於是察其所以然者皆以犯法得贖罪求士不得真賢相守崇財利誅不行之所致也今欲興至治致太平宜除贖罪之法相守選舉不以實及有贓者輒行其誅無但免官則爭盡

力為善貴孝弟賤賈人進真賢舉實廉而天下治矣孔子匹夫之人耳以樂道正身不解之故四海之內天下之君微孔子之言無所折中況乎以漢地之廣陛下之德處南面之尊秉萬乘之權因天地之助其於

變世易俗調和陰陽陶冶萬物化
正天下易於決流抑墜自成康以來
幾且千歲欲為治者甚衆然而太
平不復興者何也以其舍法度而任
私意奢侈行而仁義廢也陛下誠
深念高祖之苦醇法太宗之治正已

以先下選賢以自輔開進忠正鉞誅
姦臣遠放讒佞赦出園陵之女罷倡
樂絕鄭聲去甲乙之帳退偽薄之
物脩節儉之化驅天下之民皆歸
於農如此不解則三王可倂五帝可
及雖陛下留意省察天下幸甚

罷擊朱厓議

賈捐之字君房，元帝初元元年擊朱厓連年不定，捐之上疏曰

臣聞堯舜聖之盛也禹入聖域而不優故孔子稱堯曰大哉韶曰盡善禹曰無閒以三聖之德地方不過數千里西被流沙東漸于海朔南暨聲

敎迄于四海欲興聲敎則治之不欲興者不强治也故君臣歌德含氣之物各得其宜武丁成王殷周之大仁也然地東不過江黃西不過氐羌南不過蠻荆北不過朔方是以頌聲並作視聽之類咸樂其生越裳氏重

九譯而獻此非兵革之所能致及其衰也南征不還齊桓救其難孔子定其文（作春秋也）以至乎秦興兵遠攻貪外虛內務欲廣地不慮其害然地南不過閩越北不過太原而天下潰畔禍卒在於二世之末長城之歌至今不

絶賴聖漢初興爲百姓請命平定天下至孝文皇帝憫中國未安偃武行文則斷獄數百民賦四十丁男三年而一事時有獻千里馬者詔曰鸞旗在前屬車在後吉行日五十里師行三十里朕乘千里之馬獨先安之於是還馬與

道里費而下詔曰朕不受獻也其令四
方毋求来獻當此之時逸游之樂絶奇麗
之賂塞鄭衛之倡微矣夫後宫盛色
則賢者隱處佞人用事則爭臣杜口
而文帝不行故謚爲孝文廟稱太宗
至孝武皇帝元狩六年太倉之粟

紅腐而不可食都內之錢貫朽而不可校乃探平城之士錄冒頓以來數為邊害兵厲馬因富民以攘服之乃運諸國至于安息東遏碣石以玄菟樂浪為郡北郤匈奴萬里更起營塞制南海以八郡則天下斷獄萬數民

賦數百造塩鐵酒榷之利以佐用度
猶不能足當此之時寇盗並起軍
旅數發父戰死於前子鬬傷於後
女子乘亭鄣孤兒號於道老母寡
婦飲泣巷哭遥設虛祭想魂乎萬
里之外淮南王盗寫虎符陰聘名士

關東公孫勇等詐爲使者是皆廓地泰大征伐不休之故也今天下獨有關東關東大者獨有齊楚民衆久困連年流離離其城郭相枕席於道路人情莫親父母莫樂夫婦至嫁妻賣子法不能禁義不能

止此社稷之憂也今陛下不忍悄悄

之念欲驅士衆擠之大海之中快心

幽冥之地非所以救助饑饉保全元

元也詩云蠢爾蠻荆大邦爲讎言

聖人起則後服中國衰則先畔動爲

國家難自古而患之久矣何況乃復

其南方萬里之蠻乎駱越之人父子同川而浴相習以鼻飲與禽獸無異本不足郡縣置也顓顓獨居一海之中霧露氣濕多毒草蟲蛇水土之害人未見虜戰士自死又非獨朱崖有珠犀瑇瑁也棄之不足惜不擊不損

威其民譬猶魚鱉何足之貪也臣竊以
往者羌軍言之暴師曾未一年兵出
不踰千里費四十餘萬萬大司農錢
盡乃以少府禁錢續之夫一隅爲不
善費尚如此況於勞師遠攻亡士毋
功乎求之往古則不合施之當今又不

便臣愚以爲非冠帶之國禹貢所及春秋所治皆可且無以爲願遂棄朱崖專用恤關東爲憂上乃從之

諫伐匈奴書

主父偃 元光元年乃入闕上書闕下朝奏暮召入見所言九事其八事爲律令一事諫伐匈奴

臣聞明主不惡切諫以博觀忠臣不避重誅以直諫是故事無遺策而功流萬世今臣不敢隱忠避死以効愚計願陛下幸赦而少察之司馬法曰國雖大好戰必亡天下雖平忘戰必危天下既平天子大愷春蒐秋獮諸

侯春振旅秋治兵所以不忘戰也且怒者逆德也兵者凶器也爭者末節也古之人君一怒必伏尸流血故聖王重行之夫務戰勝窮武事未有不悔者也昔秦皇帝任戰勝之威蠶食天下并吞戰國海內爲一功齊三代務

勝不休欲攻匈奴李斯諫曰不可夫匈奴無城郭之居委積之守遷徙鳥舉難得而制輕兵深入糧食必絕運糧以行重不及士（淨）得其地不足以爲利得其民不可調而守也勝必棄之非民父母靡敝中國甘心匈奴非完計也

秦皇帝不聽遂使蒙恬將兵而攻
胡却地重千里以河爲境地固澤鹵不生
五穀然後發天下丁男以守北河暴
兵露師十有餘年死者不可勝數
不能踰河而北是豈人衆之不足兵
革之不備哉其勢不可也又使天下

飛芻輓粟起於黃腄琅邪負海之郡
轉輸北河率三十鍾而致一石男子疾
耕不足於糧餉女子紡績不足於帷
幕百姓靡敝孤寡老弱不能相養
道死者相望蓋天下始叛也及至高
皇帝定天下略地於邊聞匈奴聚代

谷之外而欲擊之御史成諫曰不可夫匈奴獸聚而鳥散從之如搏景今以陛下盛德攻匈奴臣切危之高帝不聽遂至代谷果有平城之圍高帝悔之乃使劉敬往結和親然後天下無干戈之事故兵法曰興師十萬日費

千金秦常積衆數十萬人雖有覆軍殺將係虜單于適足以結怨深讎不足以償天下之費夫匈奴行盜侵敺所以爲業天性固然上自虞夏殷周固不程督禽獸畜之不比爲人夫不上觀虞夏殷周之統而下循近世之失

此臣之所以大恐百姓所疾苦也且夫
兵久則變生事苦則慮易使邊境之
民靡敝愁苦將吏相疑而外市故
尉佗章邯得成其私而秦政不行
權分二子此得失之效也故周書曰
安危在出令存亡在所用願陛下孰

計之而加察焉

令諸侯封子弟議　主父偃

主父偃說上曰古者諸侯地不過百里强弱之形易制今諸侯或連城數十地方千里緩則驕奢易爲淫亂急則阻其强而合從以逆京師今以

法割削則逆節萌起前日鼂錯是
也今諸侯子弟或十數而適嗣代立
餘雖骨肉無尺地之封則仁孝之道
不宣願陛下令諸侯得推恩分子
弟以地侯之彼人人喜得所願上以
德施實分其國必稍自銷弱矣於

是上從其計又說上曰茂陵所立天下豪傑兼幷之家亂衆民皆可徙茂陵內實京師外銷姦猾此所謂不誅而害除上又從之

王韓匈奴議

武帝即位是時大行王恢韓安國為御史大夫匈奴來請和親上下其議大行王恢

燕人數爲邊吏習胡事

恢議曰漢與匈奴和親率不過數歲即背約不如勿許舉兵擊之安國曰千里而戰即兵不獲利今匈奴負戎馬之懷鳥獸心遷徙鳥集難得而制得其地不足爲廣有其衆不足

爲彊自上古弗屬漢數千里爭利則
人馬罷虜以全制其敝勢必危殆
臣故以爲不如和親羣臣議多附安
國於是上許和親明年鴈門馬邑豪
聶壹因大行王恢言匈奴初和親親
信邊可誘以利致之伏兵襲擊必破

之道也上乃召公卿曰朕飾子女以配單

于幣帛文錦賂之甚厚單于待命

加嫚侵盜無已邊境數驚朕甚憫之

今欲舉兵攻之如何大行恢對曰陛下

雖未言臣固願效之臣聞全代之時北

有彊胡之敵內連中國之兵然尚得

養老長幼種樹以時倉廩常實匈奴不輕侵也今以陛下之威海內為一天下同任又遣子弟乘塞轉粟輓輸以為之備然匈奴侵盜不已者無它以不恐之故耳臣竊以為擊之便御史大夫安國曰不然臣聞高皇帝嘗

圍於平城匈奴至者投鞍高如城者數所平城之飢七日不食天下歌之及解圍反位而無忿怨之心夫聖人以天下為度者也不以己私怨傷天下之功故乃遣劉敬奉金千斤以結和親至今為五世利孝文皇帝又嘗壹

擁天下之精兵聚之廣武常谿然終無尺寸之功而天下黔首無不憂者孝文悟於兵之不可宿故復和親之約此二聖之迹足以為效矣臣竊以為勿擊便恢曰不然臣聞五帝不相襲禮三王不相復樂非故相反也各因世宜

也且高帝身披堅執銳蒙霧露沐
霜雪行幾十年所以不報平城之怨
者非力不能所以休天下之心也今邊
境數驚士卒傷死中國槥（音隋 載從軍死者之棺也）車
相望此仁人之所隱也臣故曰擊之便
安國曰不然臣聞利不十者不易業

功不百者不變常是以古之人君謀事必就祖廢政古古語重作事也且自三代之盛夷狄不與正朔服色非威不能制強弗能服也以爲遠方絕地不牧之民不足煩中國也且匈奴輕疾悍亟之兵也至如猋風去如收電

畜牧為業弧矢射獵逐獸隨草居
處無常難得而制令使邊郡久廢
耕織以支胡之常事其勢不相權
也臣故曰勿擊便帳曰不然臣聞鳳
鳥乘於風聖人因於時昔秦穆公
都雍地方三百里知時宜之變功承

西戎辟地千里以河為境累石為城

并國十四隴西北地是也及後蒙恬為秦侵胡辟數千里

樹楡為塞匈奴不敢飲馬於河置烽燧然後敢牧馬夫匈奴獨可以威服不可以仁畜也今以中國之盛萬倍之資遣百分之一以攻匈奴譬猶以彊弩射且潰之癰也必不留行

矣若是則北發月氏可得而臣也
臣故曰擊之便安國曰不然臣聞用
兵者以飽待飢正治以待其亂定舍
以待其勞故接兵覆衆伐國墮城
常坐而役敵國此聖人之兵也且臣
聞之衝風之衰不能起毛羽彊弩之

未力不能入魯縞夫盛之有衰猶朝之必暮也今將卷甲輕舉深入長驅難以爲功從行則迫脅衡行則中絶疾則糧乏徐則後利不至千里人馬乏食兵法曰遺人獲也意者有它繆巧可以禽之則臣不知也不然則未見

深入之利也臣故曰勿擊便恢曰不然夫草木遭霜者不可以風過清水明鏡不可以形逃通方之士不可以文亂今臣言擊之者固非而深入也將順因單于之欲誘而致之邊吾選驍騎壯士陰伏而處以為之備審遮險阻

以爲其戎吾勢已定或營其左或營其右或當其前或絕其後單于可擒百全必取上曰善乃從恢議

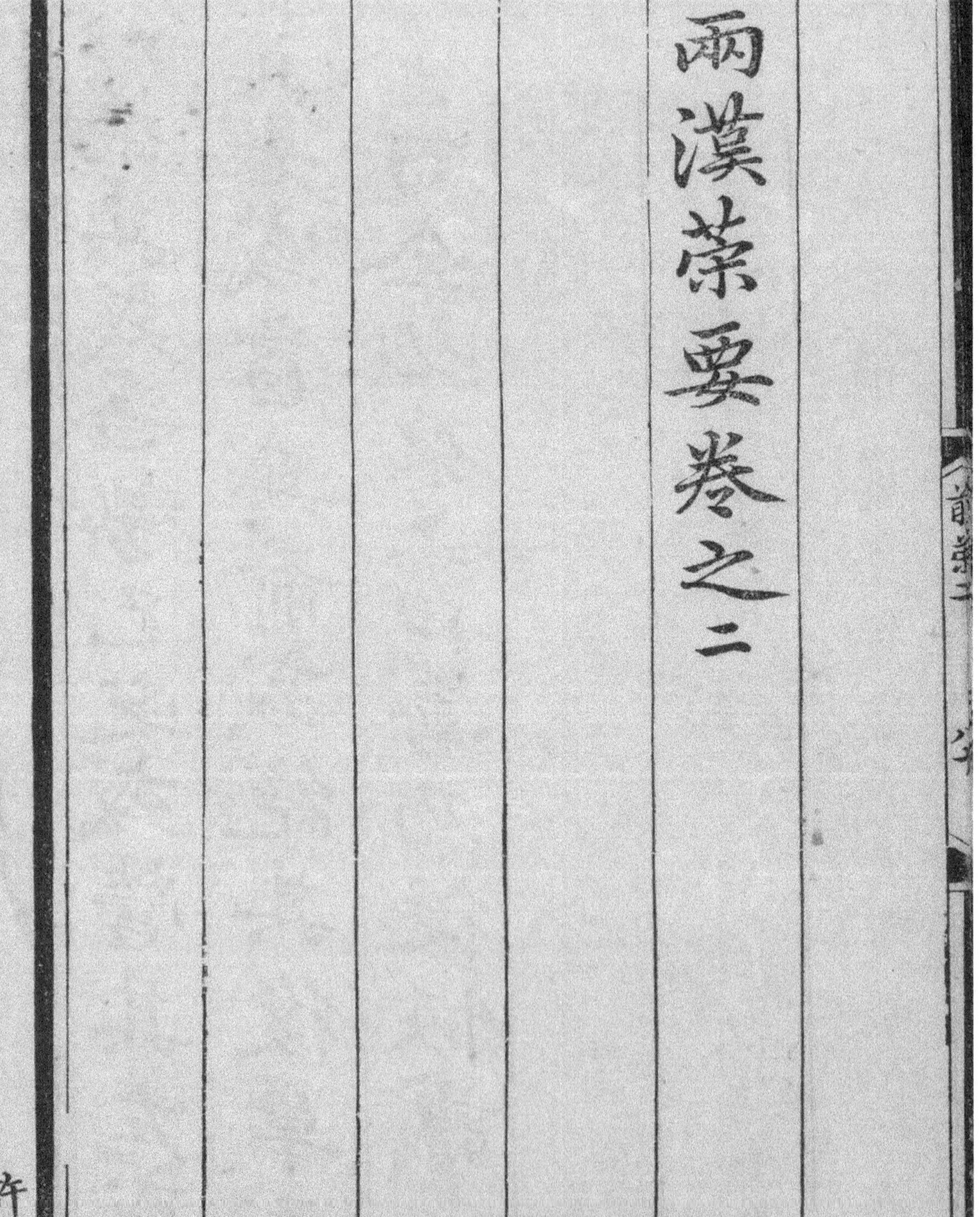

兩漢纂要卷之二

許慶龍鎸